新典社選書31

毛髪で縫った曼荼羅

――漂泊僧　空念の物語――

日沖敦子著

新典社

① 大分県宇佐市極楽寺蔵「髪繍当麻曼荼羅」

② 宮城県仙台市昌繁寺蔵「髪繍当麻曼荼羅」

③ 青森県南津軽郡摂取院蔵「髪繍当麻曼荼羅」

④ 京都市上京区成願寺蔵「髪繡涅槃図」

⑤ 京都市上京区成願寺蔵「髪繍涅槃図」沙羅双樹

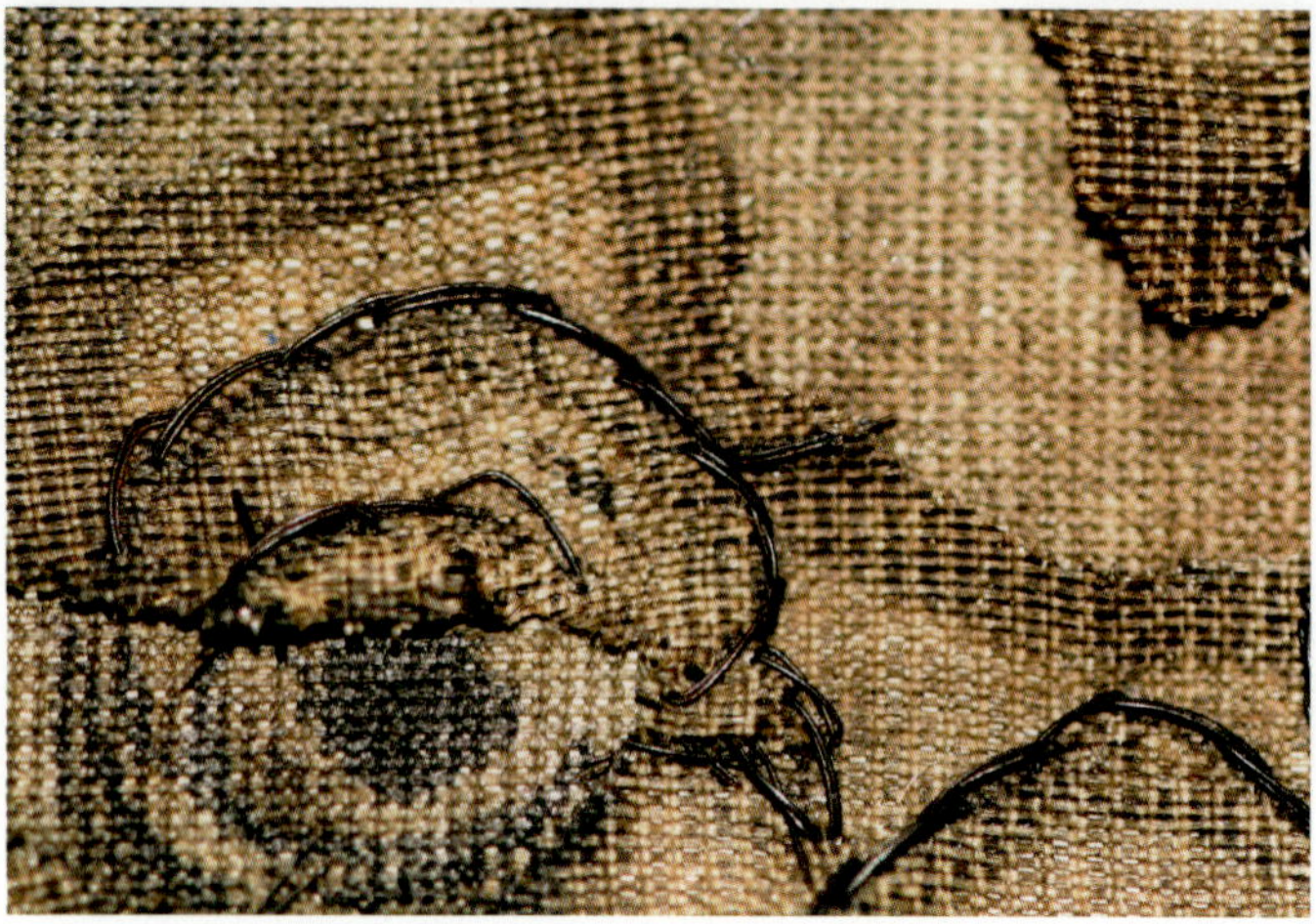

⑥ 京都市上京区成願寺蔵「髪繍涅槃図」下絵

⑦ 京都市下京区荘厳寺蔵「髪繡阿弥陀三尊来迎図」
（もと「髪繡二十五菩薩来迎図」か）

当麻曼荼羅の図像

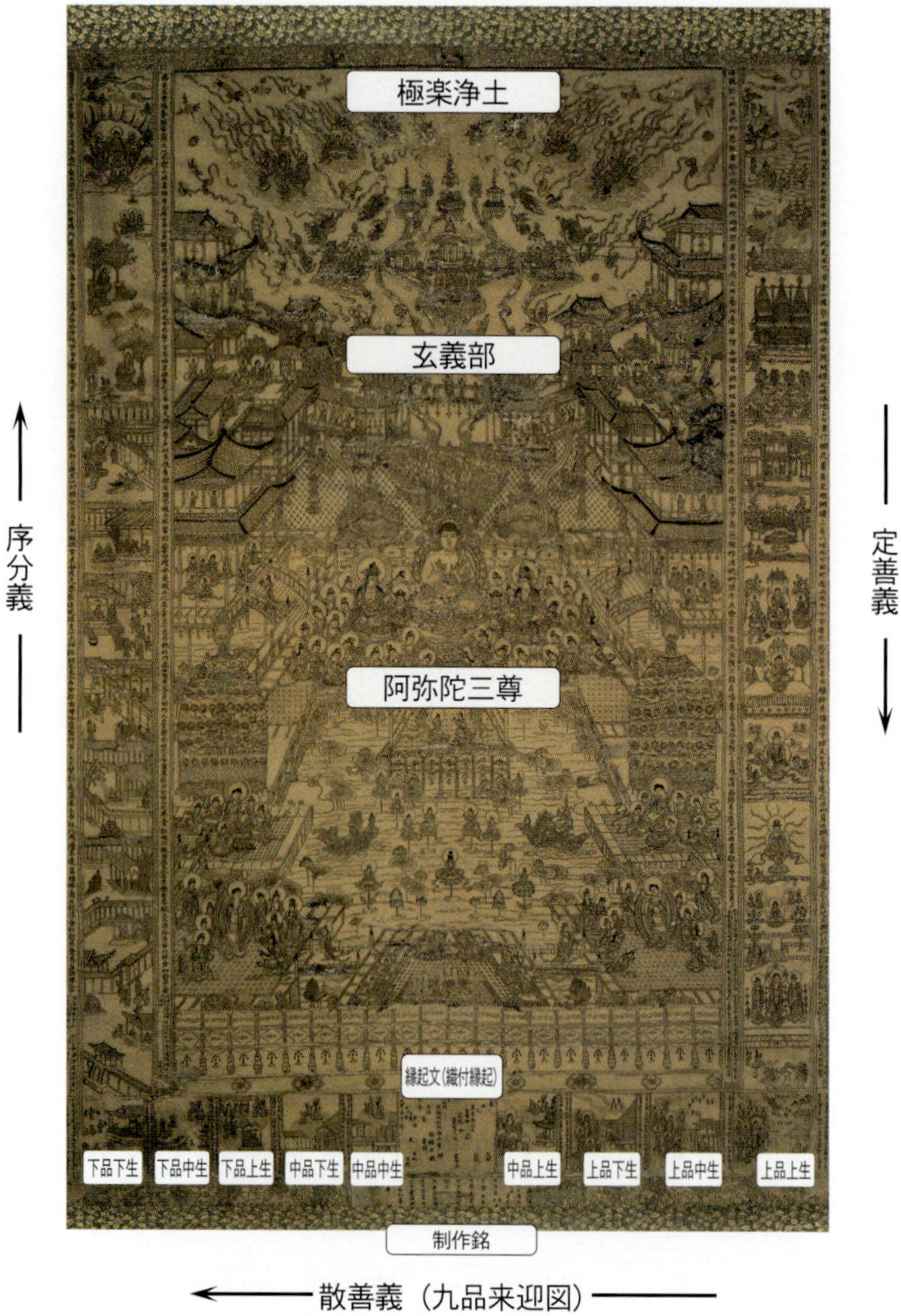
極楽浄土
玄義部
阿弥陀三尊
序分義
定善義
縁起文(織付縁起)
下品下生
下品中生
下品上生
中品下生
中品中生
中品上生
上品下生
上品中生
上品上生
制作銘
散善義（九品来迎図）

画面いっぱいに極楽浄土の様を描き、中央に阿弥陀三尊を配置している（玄義部《げんぎぶ》）。向かって左縁には阿闍世《あじゃせ》太子の物語（序分義《じょぶんぎ》）、右縁には極楽浄土を観想する十六観のうちの前十三観を描く（定善義《じょうぜんぎ》）。下縁部には十六観のうちの残り三観を九場面（上品上生《じょうぼんじょうしょう》から下品下生《げぼんげしょう》まで）にわけた九品来迎図《くほんらいごうず》が描かれ（散善義《さんぜんぎ》）、その中央には、天平宝字七年（七六三）に一人の女性が蓮糸で織りあげたとの縁起文（織付《おりつけ》縁起）が配置されている。この縁起文は平安時代に加えられたものとも伝えられており、当麻曼荼羅と中将姫伝説との結びつきを考えるうえで重要な縁起文である。

空念制作の曼荼羅の縁起文は、全文が縫いあげられていない欠字がある形式のもので、六十余字程度が毛髪で縫いこまれている。また、縁起文の下に、この「髪繍当麻曼荼羅」の制作経緯が記された制作銘が縫いあげられている点は、他の曼荼羅には見られない特徴である。制作銘は、空念の活動の実態を知る重要な資料としても注目できる。

目　次

プロローグ ― 或るお坊さんの〝ものがたり〟 ―

――南無阿弥陀仏、南無阿弥陀仏

ひとり御堂に籠る僧侶の額の汗は、やがて大粒となり、そして流れ落ちた。暗闇にぼんやりと浮かんでいるのは、蠟の炎光に映し出された無心な僧侶の窪んだ黒い眼とごつごつとした豆ばかりの指先である。

ここ百日ばかり十穀を断っている。それでも、弥陀の名号を唱える乾いた口元と、髪を縫っては針に通し、絹地に縫いこむ手先の動きは止むことがない。毛髪で曼荼羅を縫うという、珍しい僧侶の評判を聞きつけた人々が、ここしばらく無住で廃墟のようだった御堂をたびたび訪ねてくる。訪ねる者は貴賤老若男女さまざまで、いずれの者も僧侶に僅かな金銭を差し出し、頭を垂れ、髪を抜いてもらっては、ありがたいことと合掌し、念仏を唱えながら去っていく。

一幅の曼荼羅を毛髪だけで縫いあげるという信じがたい業は、地道な勧進によってこそ実現し得る業だった。僧侶がひとり籠る暗い御堂の一隅には、そうして集められた毛束が渦を巻いている。こうして一通りの毛髪を得た今も、僧侶の評判を聞いた人々が、この小さな御堂をしばしば訪ねてくるのだった。そう言えば、妙心院様（津軽信政）から申し出があって阿弥陀様の御顔にとその御髪を頂戴したこともあった。

どこからか鶏の鳴き声が聞こえた。僧侶は構わず念仏を唱え、なおも一心に手を動かす。この僧侶には、また、旅立ちの時間《とき》が近づいていた。

——もうじき旅立たねばならぬ。

僧侶の心のどこかにそんな急く気持ちがあったことも事実である。いつまでもここに留まることは許されない。いつの頃からであったか、僧侶には心に決めていることがあった。

——当麻へ行かねば。

そのために、次に目指すべき地は江戸である。ここで再び勧進を行い、毛髪を集め、曼荼羅を縫いあげ、当麻へ赴き奉納する。それが方々を旅しつづけてきた自身の最後に課せられた使命であると、僧侶は確信していた。

ついに、僧侶の手が止まった。遠くを見つめるような僧侶の眼前には幾筋もの髪によって縫いあげられた曼荼羅が床一面に広がり、柱の隙間から差し込む朝陽に照らし出されてしっとりとした輝きをはなっている。毛髪で縫いあげられた曼荼羅は、ついに完成したのである。表具が整えられ、数日の供養と念仏説法の後に、曼荼羅はこの御堂へ奉納された。

喜捨した毛髪が縫いこめられているという曼荼羅を一目見ようと多くの人々が再び御堂を訪れた。そして、訪れた人々の誰もが曼荼羅の細やかな美しさに息をのみ、言葉にならない感動を味わった。この曼荼羅を拝することは、当麻へ行くことと変わらぬ利益があるという。僧侶の業を当麻の藕糸曼荼羅に重ねた人々は吐息をもらし、口々にこう噂をした。


――このお坊さまは、中将姫さまの生まれ変わりではないか。

――これほど素晴らしいお坊さまは見たことがない、名人じゃ、名人じゃ。


或日の夕刻、残った僅かな毛束などを入れた包みを背負い、擦り切れた草鞋をはき、長年の旅で黒く焼けた手足が覗くその後姿を、念仏を唱えずして見送るものは一人としていなかった。

夕映えの茜色のうちに消えていく姿もまた、二上の山の端より顕れた阿弥陀聖衆を拝して端坐合掌する中将姫の姿を彷彿とさせたのである。

今から三百年以上も昔の、或るお坊さんの〝ものがたり〟である。

＊＊＊

このお話は、江戸時代前期に穀断（即心仏になることを目的として十種類の穀物を断つ苦行。十穀は五穀と塩の場合もあった）を繰り返し、諸国を遍歴し、在地の人々の毛髪を求めては当麻曼荼羅などの仏画を縫いあげるという勧進活動を展開した、一人の僧侶をモデルとしています。その僧侶の名前を空念といいました。このような空念の活動、そして、自らの髪を喜捨する人々の姿は、極楽往生と現世利益を願う民衆の生活に根ざした〈信心のかたち〉として注目できます。本書では、歩き続けた僧空念の足跡と彼の影響を受けたと考えられる僧侶たちの活動を通して、民衆信仰の在り方について考えてみたいと思います。

思い返せば、三年前の秋、いくつもの偶然が重なって私は空念さんに出会いました。そして、たくさんの方々に導かれるようにして空念を訪ねる旅がはじまったのです。本書は、そんな時間の流れとともに風化してしまいそうになっていた一人の僧侶を探す旅人の記録でもあります。

I

旅のはじまり ―一枚の葉書から―

平成十八年秋、心地よい秋空の下、私は京都の溢れかえる人ごみのなかにいました。秋の古本市にやってきたのです。室町から江戸時代にかけて作られた高価な絵本や絵巻も買い手を待って、この時ばかりは間近に見ることができます。古本市といっても、豪華な屛風や絵巻が展示されている場所もあれば、刷物や版本を我先にと探し求める争奪戦が繰り広げられている場所もあって、そんな熱気に包まれながら和本を見るのも楽しいものです。

ちょうどその日は、S出版古書部の古典会ほか、百万遍知恩寺でも古本市が同日開催されていました。境内で絵葉書が平積みになっているコーナーを見つけ、私は一束ずつ楽しむことにしました。そして、偶然そのなかに、とても興味深い絵葉書を一束見つけたのです。その絵葉書は、大分県宇佐市の極楽寺の絵葉書で、小さな紙袋のなかに五枚のモノクロの葉書と、表紙に「国東翻迷述／髪繍浄土曼陀羅略縁起／大正六年二月一日出版／豊前宇佐町／極楽寺蔵書」と印字された略縁起が入っていました。「髪繍」で「曼陀羅」というところに魅かれて縁起を読むと、延宝二年（一六七四）に空念という名の僧侶が八万四千本の髪を集めて当麻曼荼羅を縫いあげたという曼荼羅の由緒が記されていました。

絵葉書のモノクロ写真をよく見ると、そのうちの一枚に「八万四千人髪繍浄土曼陀羅」と隅に印字された写真があって、どうやら、縁起はその曼荼羅にまつわる略縁起であるらしいのです。絵葉書の写真は、撮影上、周囲を省いたとあって、完全な写真ではなかったのですが、曼荼羅が人々の毛髪で縫いあげられているという点が、私にはとても興味深く思われました。

手にとった略縁起の冒頭には、次のようなことが書かれていました。

> 宇佐の極楽寺には、世界第一の美術品ともいうべき、八万四千人の髪により縫いあげられた髪繍の曼荼羅がある。この曼荼羅は、今から二百三十四年前、延宝二年《（一六七四）》に、僧空念が、諸人の結縁のために奔走し、阿弥陀様が八万四千の光明を放たれたことに倣い、八万四千人の頭髪を集め、綿密に縫いあげたものである。延宝六年《（一六七八）》には太上法皇の叡覧にも供された。その後、曼荼羅は宇佐八幡宮に奉納され、二百年の間秘蔵されていた。しかし、明治維新の際、神仏分離令が出され、幸運なことに、極楽寺の宝物となった。

延宝六年《（一六七八）》には、太上法皇（後水尾法皇、生没一五九六～一六八〇・慶安四年〈一六五一〉五月に剃髪）の叡覧にも供されたとありますから、この略縁起によるならば、空念の活動は、当時よく知られていたと考えられます。

当麻曼荼羅が、蓮糸で織りあげられたものであることは、信仰的な事実として今日伝承され

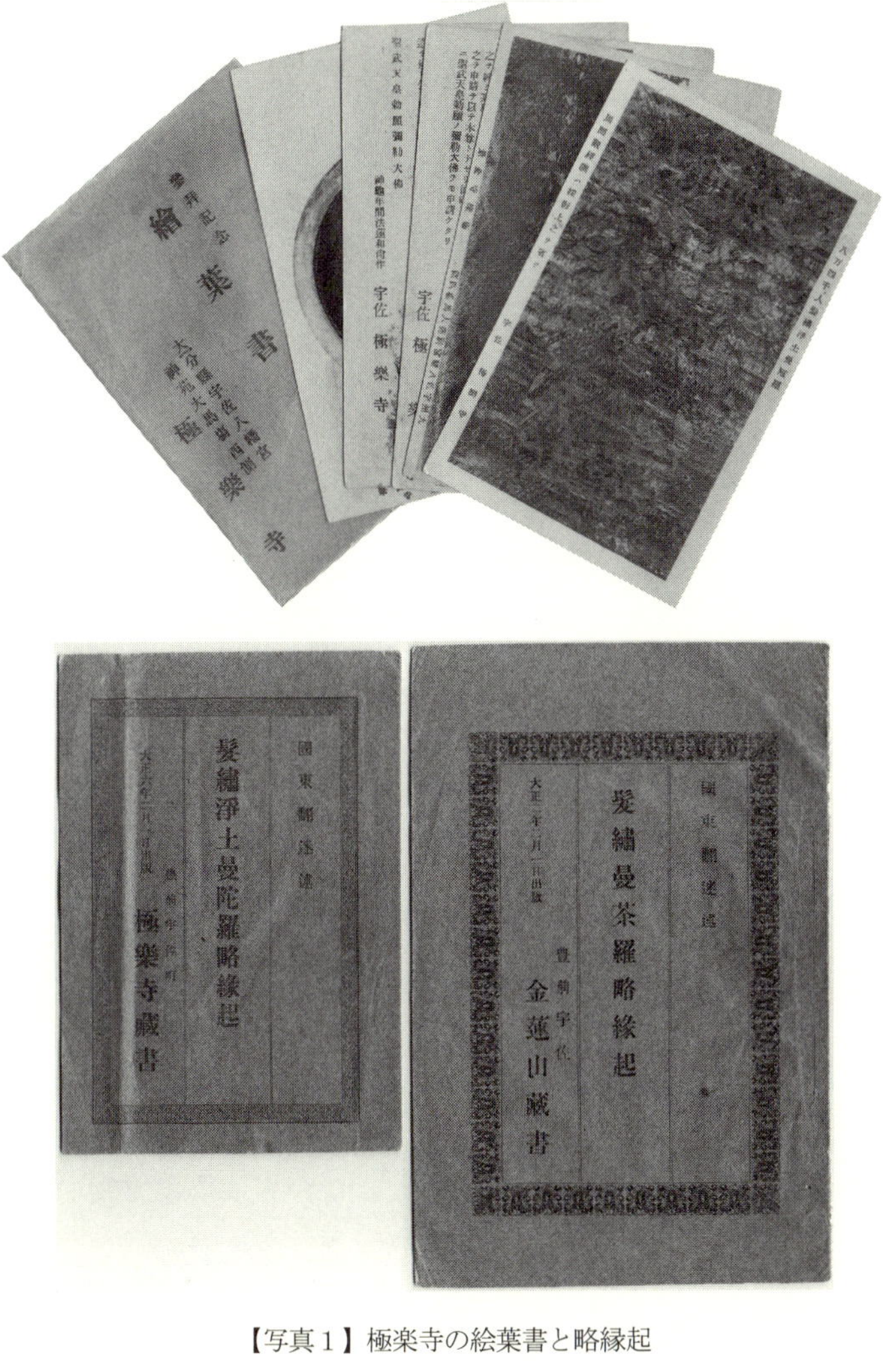

【写真１】極楽寺の絵葉書と略縁起

続けていることです。しかし、江戸時代前期に一人の僧侶の尽力によって、人々の毛髪が集められ、曼荼羅が縫いあげられたことを伝える例は、これまで殆ど知られてきませんでした。空念がどのような人であったかさえもよくわかっていません。略縁起と一緒に入っていたモノクロの絵葉書には、不鮮明ではありますが、確かに毛髪で縫いあげられたという曼荼羅の一部が写し出されています。

毛髪で縫いあげられたという曼荼羅（以下髪繍当麻曼荼羅）を一目見てみたい。私は駆け出したい気持ちを抑えて、極楽寺へ電話をかけてみました。最初の一歩は、思いの外すんなりと進みました。御住職が「ええ、ありますよ。お見せできます」と御快諾下さったのです。

こうして、空念を追いかける旅ははじまったのです。

II

毛髪で縫いあげられた当麻曼荼羅

極楽寺の髪繍当麻曼荼羅

まだ暑い日差しが照りつける九月九日、念願の髪繍当麻曼荼羅を一目見ようと、宇佐駅からバスに揺られ、宇佐八幡宮へ向かう道の途中に、極楽寺を見つけました。

金蓮山極楽寺は、大分県宇佐市南宇佐にある浄土真宗本願寺派の寺院で、創建の詳細は不明な点が多く、よくわかっていません。文久二年(一八六二)に、当時の住職だった国東翻迷によって再興され、明治二十七年(一八九四)に宇佐八幡宮境内寺家に移転し、昭和七年(一九三二)の宇佐八幡宮復興大造営の際、現在地に移転したと伝えられています。八幡宮との繋がりが深く、明治初年(一八六八)の神仏分離令の際に、宇佐八幡宮の神宮寺であった弥勒寺講堂の本尊弥勒仏像や、同宮池大弐堂の本尊阿弥陀如来像を譲り受けて安置しています。

極楽寺には小さな展示室が併設されていて、御住職に案内していただき中へ入ると、絵葉書で見た髪繍当麻曼荼羅が、ガラスケースのなかに展示されていました。巻頭写真①にありますように、極楽寺が所蔵する髪繍当麻曼荼羅(以下極楽寺本)は、全て毛髪で縫いあげられており、大きさは一二一・三×八四・一㎝、やや縦長で、下縁中央部の縁起文(織付縁起)に欠字がある形式のものです(六十余字程度の文字が拾い縫いされているもので、本書では六十余字拾遺式

【写真２】極楽寺

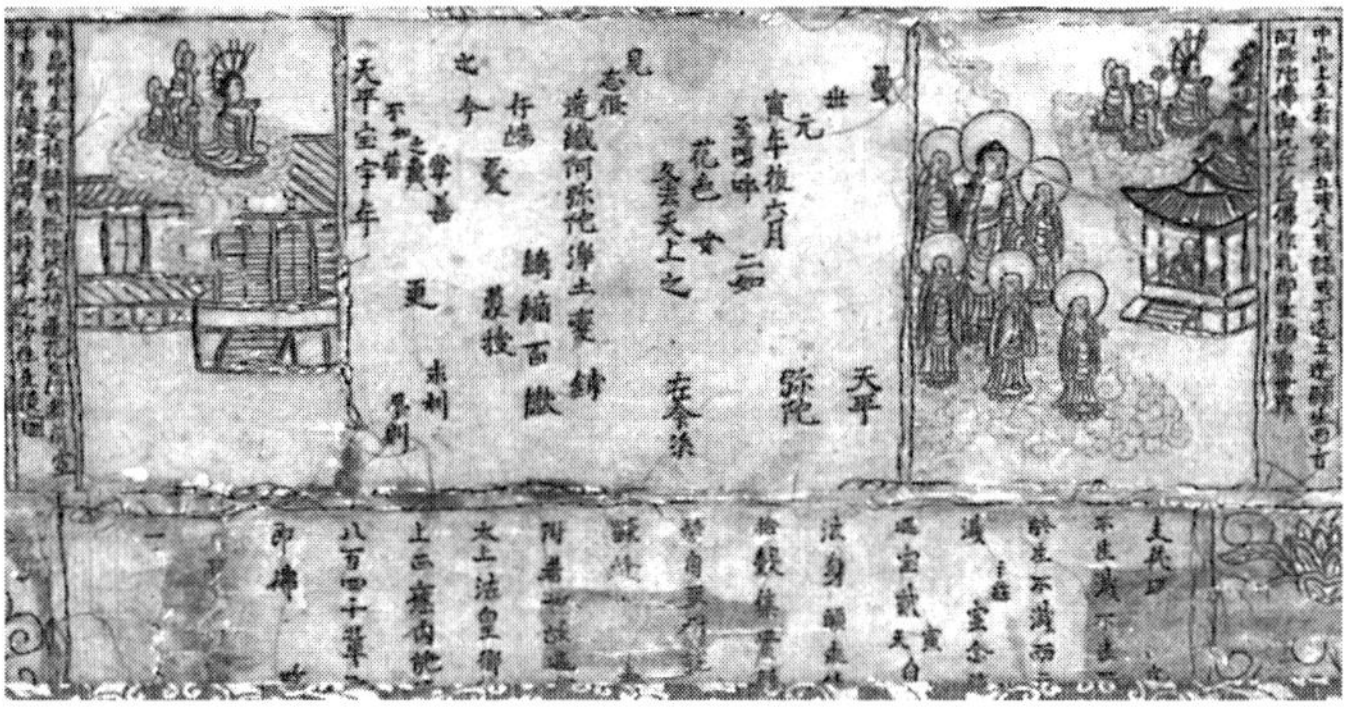

【写真３】極楽寺本の縁起文と制作銘

とよぶ）。そして、縁起文の下には、通常は見られない、曼荼羅の制作経緯が記されていたと考えられる由緒書（制作銘）が、やはり毛髪で一文字一文字丁寧に縫いあげられています。この制作銘は、空念制作の曼荼羅であることを証明する重要な資料なのですが、残念ながら極楽寺本は、改装時に縁起文の下の二、三文字が切り取られてしまっており、さらに後半部も破損していて、全文を確認することはできません。

極楽寺本について記した略縁起は、今のところ二種類確認できます。一冊は、先に述べた、絵葉書とセットで入っていた大正六年《（一九一七）》刊『髪繍浄土曼陀羅略縁起』（国東翻迷述、以下大正六年本）、もう一冊は、後日、古書店で見つけたのですが、大正二年《（一九一三）》刊『髪繍曼荼羅略縁起』（大川普照演説・国東翻迷筆記／以下大正二年本）です。いずれも近代のものですが、大正二年本には、大正二年の段階で読みとることができた極楽寺本の制作銘が翻刻されています。現存する極楽寺本の制作銘と照合しながら確認すると次のようになります。

夫伏以□□《（衆生カ）》元／不生滅不生而顕／於生不滅而示於／滅于茲空念法師／延宝弐寅天自性／法身願求禁断／拾穀集貴賤鬢／髪自取針説相／顕縫□□《（宇佐カ）》奉寄／附若也故延宝午天／太上法皇御叡見／上正応内施徳現／八万四千輩即心／即仏敬白（以下破損）

この残された制作銘からは、次の三点のことが読みとれます。

①延宝二年（一六七四）、空念は十穀断をし、身分問わず多くの人々の鬢髪を集め、自ら針をとって説相（仏画）を縫いあげ奉納したこと。

②空念によって制作された髪繍は、延宝午天（延宝六年（一六七八））に太上法皇の叡覧に供されたこと。

③八万四千人の即心即仏の祈りが込められた髪繍の仏画であること。

先に紹介した大正二年本の略縁起は、極楽寺本の成立を延宝二年としていましたが、制作銘には、「延宝午天」（延宝六年）に太上法皇の叡覧に供されたとあります。つまり、極楽寺本の成立は、延宝六年以降と考えなければなりません。また、略縁起を記した翻迷は、縁起のなかで、制作銘の後ろの破損部について「宇佐」ではないかと推測しているのですが、現存部に「宇佐」の字痕は確認できず、後半部も欠損しているため、叡覧に供されたのが極楽寺本なのか、極楽寺本制作以前に制作された空念の髪繍の仏画を指すのかはっきりしません。極楽寺本の明確な制作年については、制作銘の破損により未詳とせざるを得ないのです。

しかし、空念の足跡を辿る際、延宝二年（一六七四）以降の事柄を伝える極楽寺本の制作銘は、現在確認できる最も古い資料で極めて大切なものです。また、この制作銘には、空念が「拾穀（十穀）」を口にせず、「貴賤ノ鬢髪」を求めて、自ら針をとって当麻曼荼羅を縫いあらわしたと記されており注目できます。後述する資料にもしばしば見られるように、空念は穀断によって、老若問わず貴賤男女の信心を喚起し、毛髪を集めていました。

さて、大正二年（一九一三）本の略縁起には、「明治維新の際、神仏判然の令出し時、幸に之を申し受て、当寺の宝物となれり」とあり、曼荼羅が神仏分離令の際に宇佐八幡宮の神庫から極楽寺に寄贈されたと伝えられています。また、当時の新聞にも「宇佐八幡宮へ奉納ありしを、維新の節、極楽寺の宝物となり去る」（明治二十五年（一八九二）六月十九日「京都日出新聞」一面／明治二十五年六月二十一日「読売新聞」（東京版）」二面）とあることから、神仏分離令の混乱の中で、弥勒仏像や阿弥陀如来像と一緒に、曼荼羅も極楽寺に安置されることになったと考えてよいでしょう。

国立国会図書館にある重野成斎（一八二七〜一九一〇）が記した『成斎文集』（明治三十一年（一八九八）刊）という本に「髪繍浄土曼陀羅引」と題された文章が入っています。そこには、空念の事跡と翻迷の活動について、次のように記されています（同文は後述の『雑華雲集』にもあり）。

阿育王役使鬼神一日一夜造八萬四千塔。空念乃用八萬四千人之髪、費数年之功而繍一幅浄土変相。難易懸絶。豈空念之行業不如育王歟。然育王仮鬼神才力僅能造塔。空念則独力任之。乞髪於八萬余人、運針於隻乎、仡仡成九品相。其勤苦顧如何耶。釈氏功徳、不貴乎。捷而貴於勤。在昔中将姫、以少女子勤行苦修、於是有藕糸曼陀羅。此空念所祖述、皆所謂功徳之太者。今翻迷師持此幅、盛夏炎熱、背大包袱、弊緇衣、著木履、不傘不巾、奔走於黄塵萬丈中。抵諸家乞題詠、合掌膜拝弗穫弗止。其勤苦与空念相若、且微。翻迷師空念之勤業、世無得而知之。故空念之後有翻迷師。釈氏謂之前身後身。老荘氏謂之旦暮相遇。吾儒則曰異世同揆。嗚乎一曼陀羅也、尚得三人。而吾徒之異世同揆者。何寥寥乎。少其人也。

冒頭では、空念が制作した髪繍当麻曼荼羅が八万四千人の髪で縫いあげられたものであることを、阿育王八万四千塔の説話（『雑阿含経』二十三・『阿育王伝』一・『釈迦譜』五・『唐大和上東征伝』など）を絡めて説明しています。勿論、ここでは、事実として八万四千人の髪を用いて曼荼羅が縫いあげられたことを述べようとしたのではなく、阿育王の業績に絡めて空念の偉業を述べる意味があったと考えてよいでしょう。

重野氏は、阿育王と空念の行いを比較して「豈空念之行業不如育王歟」（どうして空念の行いが阿育王に及ばないことがありましょうか）と言い、阿育王は「鬼神才力」を借りて完成させたが、空念は「独力」であったと高く評価しています。蓮糸で曼荼羅を織りあげた中将姫の功徳、そして、今日ではもう知る人が少なくなってしまった毛髪を集め髪繍で曼荼羅を縫いあげるという空念の行い、空念の髪繍当麻曼荼羅を抱えて形振り構わず奔走した翻迷の勧進活動、これらはみな、時代は異なっても、志を同じくした、曼荼羅によって繋がる人々なのだと重野氏は説いています。阿弥陀を説いた釈迦の功徳（『観無量寿経』）は、やがて一つの曼荼羅の存在を通して、中将姫、空念、翻迷という三人の徳人を生み出したと指摘しているのです。

明治時代に、このような翻迷の精力的な活動を支えた背景については、国立国会図書館蔵『雑華雲集』（明治二十二年《一八八九》六月出版）よりうかがい知ることができます。『雑華雲集』は翻迷により編集がなされ、広瀬静子の支援を受けて出版された詩集です。静子の父である長梅外は、広瀬淡窓の咸宜園で学んだ漢学者で文学御用掛として宮内庁にも出仕していました。また、静子の夫である広瀬進一は、太政官の修史局に勤務し、長松幹のもとで明治維新の歴史を編纂する仕事に従事し、修史局から法制局に転じた後は参事官まで昇進し、明治二十五年《一八九二》には秋田県知事に就任した人物です。この本の刊行経緯については、詩集の最後に広瀬静子によって明治十五年（一八八二）の秋に翻迷が広瀬家を訪れた時のことから記されています。

　詩集の最後によれば、明治十五年の秋、広瀬家の人々は、皆席を連ねて曼荼羅の絵像を見、翻迷が語る空念の話に耳を傾けたとあります。その後、明治十九年（一八八六）の秋にも、再び翻迷は広瀬家を訪れており、その際、空念の曼荼羅を見た人々から和歌などが贈られ、それが巻物のようになったため、『雑華雲集』が刊行されることになったと書き留められています。

　当時、広瀬家では身内の不幸が相次いでいました。明治十八年（一八八五）十月には、静子の父である長梅外が、翌年二月には、進一・静子夫妻の息子元進が、同年八月には、生まれたばかりの娘良子が、同月の末には、静子の母が亡くなっています。このことは、静子をはじめとする広瀬家の人々が、翻迷の活動に関心を抱き、空念の曼荼羅に深い感銘を受けた背景として注目できます。

　『雑華雲集』の刊行について、静子は「千尋の海より深かゝるを、髪毛に似たる一すぢの、報恩のわざにもなれかしと、その志をおこしつる本末を、懺悔の為にかくはものし侍りつ」と結んでいます。広瀬家は、翻迷の活動の言わばスポンサー的な位置にある家の一つだったようです。『雑華雲集』には、広瀬家と関わりのある漢学者や官僚の詩歌が多く掲載されています。

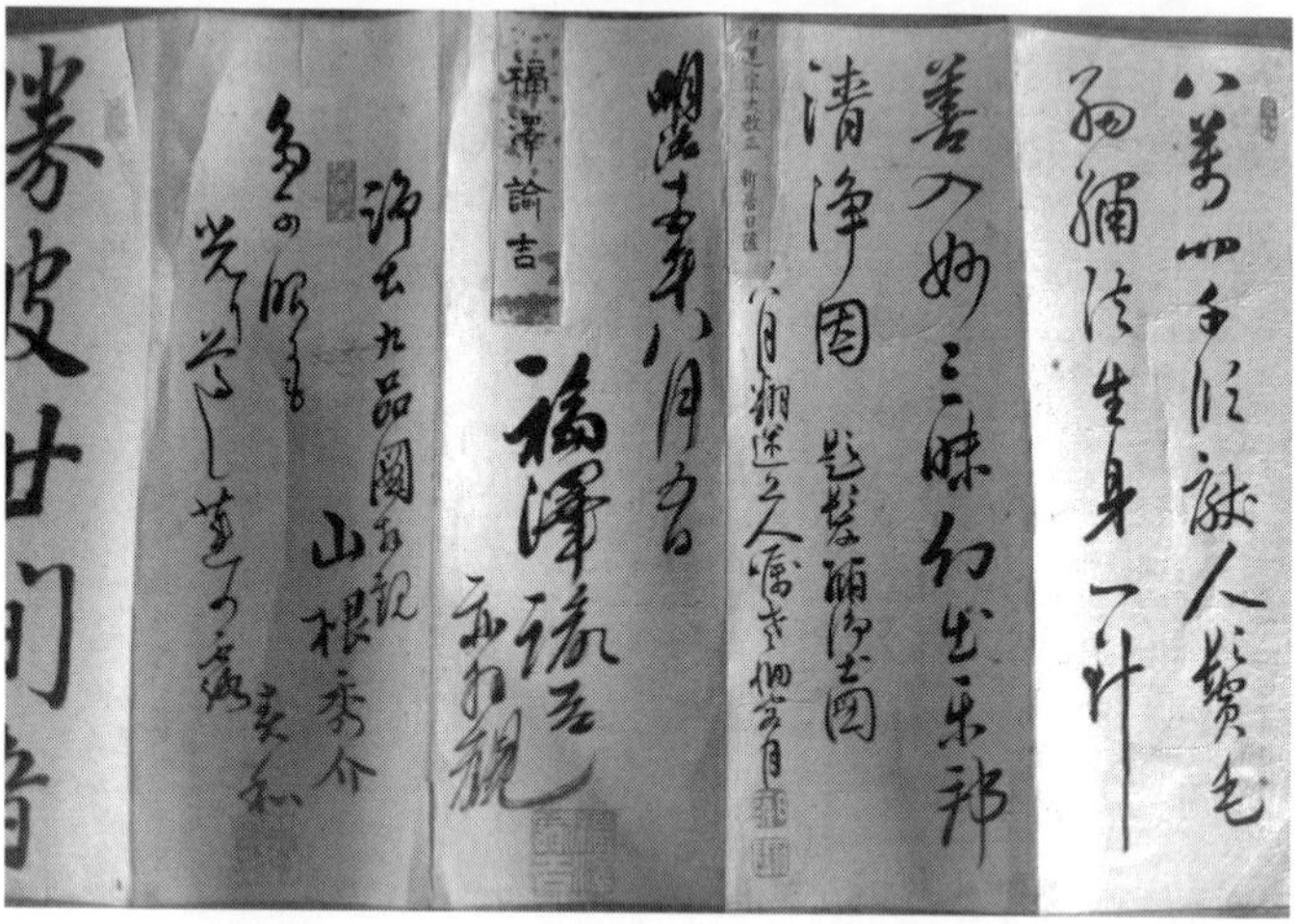

【写真４】極楽寺所蔵の折本に残された福沢諭吉らの詩文

先に挙げた『成斎文集』にも記されていたように、翻迷は空念の曼荼羅を持って、諸家を訪ね歩き、題詠を頼んでいました。実際、極楽寺本は、赤坂離宮や京都御所で英照皇太后や大正天皇の叡覧に供されていて、その際に皇太后や皇太子により認められた詩文も極楽寺に寺宝として現存しています。このほか、勝海舟、福沢諭吉、山県有朋、フェノロサをはじめとする、当時の各界を代表する著名人の多くが、空念の曼荼羅を賛美した詩文を寄せ、その巻子（三巻）や折本（一冊）も極楽寺に所蔵されています。巻子のなかに、明治十五年に記した広瀬進一の名前が見える点は大変興味深いところです。

空念の曼荼羅を持って、これらの詩文を集めたのは翻迷であり、この翻迷の活動を通して、極楽寺は再興されていったようです。極楽寺の御住職である国東利行師によれば、翻迷自身、俳人（号は「五六」）でもあったようで、極楽寺に書簡などが数多く残っているとのことですから、詩文をよくしたであろうことは十分に考えられます。しかし、当初どのような過程を経て、翻迷が広瀬家の人々と交流を持つことになったのか、また、どのように著名人との交流を広げていったのかについては、具体的なことはよくわかっていません。それでも、翻迷が活動した当時、二百年以上も前に生きた空念の活動と、毛髪で縫いあげられた曼荼羅が物語る人々の祈りが、明治の著名人の心をも動かす力を持つものであったことは間違いないでしょう。

極楽寺本を見ていると、御住職が「実は、この極楽寺本にそっくりな曼荼羅が仙台の昌繁寺にもあるのですよ」とお話し下さいました。御住職によれば、その曼荼羅も極楽寺本と同じように毛髪で縫いあげられており、空念の名前も縫いこまれているといいます。宇佐八幡宮と昌繁寺にもともと何か繋がりがあったのかとお伺いしたところ、特に直接的な関わりがあるわけではなさそうだが、近年、同じような曼荼羅があることがわかって、極楽寺と昌繁寺の交流が始まったのだと教えて下さいました。

宇佐と仙台、何故離れた場所に、空念という名前が縫いこまれた曼荼羅があるのか、そのことが何を意味するのか、私はどうしても知りたくなりました。仙台のお寺である昌繁寺に電話をかけてみると、お彼岸の間だけ曼荼羅を出しているとのことでした。

今しかない、そう思った私は、早速、夜の高速バスに乗り込んだのです。

双子の曼荼羅

仙台駅からバスに乗り、歩いて十分程度の場所に昌繁寺はありました。念願の曼荼羅に出会えた瞬間の嬉しさは言葉になりませんでした。巻頭写真②にありますように、昌繁寺の曼荼羅は、確かに極楽寺本とよく似ていて、極楽寺の御住職がおっしゃっていた通り、空念の名前が

【写真５】昌繁寺

縫いこまれていました。

昌繁寺は、宮城県仙台市青葉区にある浄土宗の寺院です。『蓮門精舎旧詞』（『浄土宗全書』続第十八）によれば、慶長六年（一六〇一）の創建で、良伝袋笈和尚が、松島に巡錫された際に、福田鶴左衛門が和尚の高徳に帰依し、菩提のために一宇を建立したことに始まるとあります。

以前、「河北新報」（平成十三年十一月五日付、夕刊）に「〝双子〟の曼陀羅　仙台と大分に」という記事が掲載されたことがありました。「読売新聞」（平成十三年九月二十二日、朝刊、宮城版）にもほぼ同じ内容の記事が掲載されています。この〝双子〟の曼荼羅のうち、大分のものとされるのが極楽寺本であり、これと同じ曼荼羅として紹介されたのが、これからお話する昌繁寺蔵「髪繍当麻曼荼羅」（以下昌繁寺本）ということになります。

大分の極楽寺と仙台の昌繁寺に同様の曼荼羅があるという事実は、仙台市の郷土史家であった逸見英夫氏による大発見でした。「読売新聞」によれば、逸見氏が、明治時代中期の新聞に、当時の極楽寺住職（翻迷を指すと考えられる）が明治天皇に曼荼羅を見せるために上京する途中、大阪の会合で曼荼羅を公開したところ、仙台出身者が「仙台にも同じ曼荼羅がある」と話していたとの記事があるのを偶然発見されたことによるとあります。逸見氏がご覧になられた新聞が、いつの何という新聞だったのかは未だに確認できていませんが、この発見によって極楽寺と昌繁寺の交流は始まったのでした。この発見がなければ、私も仙台を訪ねることはできなかったと思います。今となっては、逸見氏にお礼を申し上げることが叶わず、残念でなりません。

極楽寺本同様、昌繁寺本にも縁起文の下に制作銘があります。空念によって制作された曼荼羅であることの証左となる大切な資料です。また、嬉しいことに、昌繁寺本の制作銘は、欠けることなく完全な状態で残っていました。

髪毛男女／八千九百／六十三人／敬白／奥州／宮城郡／仙台北山／大靏山／昌繁寺／良願院／第五世／名誉／代道牛／元禄壬申五歳／八月十五日／法師空念／作

空念は、自ら男女八九六三人の髪を集めて縫いあげたとあり、さらに、曼荼羅の完成は元禄五年（一六九二）であったこと、当時の住職は第五世良願であったことがわかります。昌繁寺に所蔵される位牌を確認したところ、次のようにありました。

（表）当院五世中興号蓮社良願名誉上人導牛大和尚

（裏）生国武州江戸貞享元年当寺入院〔宝永二年十二月十七日　六十六歳没〕＊〔　〕部のみ朱書

仏様もびっくり

“双子”の曼陀羅　仙台と大分に

300年前、同じ僧の作

毛髪刺繍、来歴にも共通点

約三百年前、同じ作者によって作られた同一の図柄の曼陀羅（まんだら）が、仙台市と大分県宇佐市の寺に保管されていることが、仙台市内の郷土史家の調査で五日までに分かった。二つの曼陀羅は、絹布に多数の信者の毛髪を刺繍（ししゅう）し、悟りの世界や仏の教えを描いている。東北と九州の、遠く離れた二つの寺から双子のような精巧な構図の曼陀羅が見つかったことに、両寺の住職は驚いている。

絵の大きさには違い

曼陀羅を所蔵していたのは、仙台市青葉区新坂町の昌繁寺（浄土宗、佐藤光紹住職）と、大分県宇佐市南宇佐の極楽寺（浄土真宗、国東利行住職）。

昌繁寺の曼陀羅は「毛繍い曼陀羅」と呼ばれ、縦百六十四㌢、横百二十三㌢。絵の下部に書かれている縁起によると、元禄五年（一六九二年）に、空念法師が信者八千九百三十六人の毛髪を刺繍して作った。

一方、極楽寺の曼陀羅は「天竺毛繍浄土曼陀羅」と呼ばれ、宇佐市の有形文化財に指定されている。大きさは縦百二十三㌢、横八十四㌢と、昌繁寺の曼陀羅より小ぶりだ。やはり空念が延宝二年（一六七四年）に八万四千人の毛髪を使い、五年をかけて完成させた。

なぞに包まれた生涯

二つの曼陀羅は制作年に十八年の差があるほか、毛髪を提供した信者数、サイズなどが異なる。しかし、図柄は細部に至るまでほとんど同じで、同一の下図を基に制作したのではないかと推定される。

曼陀羅の存在を突き止めた仙台郷土研究会の逸見英夫副会長は「作者の空念は九州で曼陀羅を完成させた後、仙台に来たようだ。二度目の制作なので、毛髪が少なくて済んだのだろう。だが、空念に関してはほかの記録がなく、生涯はなぞに包まれている」と話す。

断面

明治天皇観賞し感嘆

逸見さんによると、二つの曼陀羅には、もう一つ共通点がある。昌繁寺の曼陀羅は明治九年（一八七六年）、仙台で開かれた宮城博覧会に展示され、奥羽巡幸中の明治天皇が観賞。極楽寺の曼陀羅も、二十一年後の明治三十年（一八九七年）、赤坂離宮に取り寄せて明治天皇や皇后らが見て感嘆している。

昌繁寺の佐藤住職は「毛髪を刺繍した曼陀羅はほかにないと思っていたが、絵柄も来歴もそっくりのものが、遠く九州にあったなんて」と驚く。極楽寺の国東住職も「曼陀羅は毛筆も及ばないような細密さ。同じ作者のそっくりの作品が仙台にあると聞き、びっくりした。ぜひ、仙台の曼陀羅を見たい」と話している。

仙台　仙台市青葉区の昌繁寺に伝わる「毛繍い曼陀羅」

大分　大分県宇佐市の極楽寺が所蔵する「天竺毛繍浄土曼陀羅」

【写真６】「河北新報」（平成13年11月５日付、夕刊）

仙台「昌繁寺」所蔵とウリ2つ

髪で縫った曼陀羅 大分の寺にも現存

仙台市青葉区新坂町の古刹《さつ》、浄土宗「昌繁寺《しょうはん》」（佐藤光純住職）所蔵の曼陀羅《まんだら》とウリ二つの曼陀羅が、大分県宇佐市の浄土真宗「極楽寺」に保存されていることが分かった。ともに約三百年前、紀州（現在の和歌山県）生まれの空念という法師が、絹地に人の髪の毛を糸替わりに使って作ったとされる珍しい刺しゅう画。昌繁寺が今年で開基四百年を迎えたのを機に、檀家《だんか》の人たちが十一月に曼陀羅で結ばれた極楽寺を訪れることになった。

昌繁寺の「毛縫曼陀羅」は縦約一・六メートル、横約一・二メートルで、極楽浄土の様子が描かれている。下部には、八千九百六十三人の髪を用いて約五年の歳月をかけ、元禄十二年（一六九二）八月十五日に仕上がった――ことが記録されている。

300年あまり前、毛髪を縫って描かれた昌繁寺の曼陀羅

同寺の佐藤純也副住職によると、曼陀羅は主に民衆に仏教を広めるために描かれた。江戸時代の庶民には文字を読めない人が多く、経典ではなく絵を通して仏教の教えを説いたという。

この「毛縫曼陀羅」は一八七六（明治九）年、仙台で開かれた宮城博覧会で展示され、巡行した明治天皇もご覧になったという記録もある。

これと同じ絵柄の曼陀羅の存在が、はるか九州で確認されたのは一昨年八月。昌繁寺をぼだい寺とする仙台市青葉区の郷土史家・逸見英夫さん(71)が、明治中期の新聞記事に、大分の極楽寺住職が曼陀羅を明治天皇に見せるため上京する途中、大阪の会合で公開したところ、仙台出身者が「仙台にも同じ曼陀羅がある」と話していた――との記述があるのを偶然、発見した。

300年前、同じ法師が制作 ／ 11月に檀家が交流

逸見さんが「大分の極楽寺」を探し出して問い合わせると、曼陀羅は現存しており、写真を取り寄せて見比べたところ、ほぼ同じ絵柄で作者も一緒。髪の毛を縫い込む手法も共通していることが分かった。

極楽寺の曼陀羅は仙台より十八年早く制作されたもので、地元の宇佐市文化財に指定されている。

昌繁寺を建てた大工の棟りょう、福田鶴右エ門は紀州出身で、逸見さんは「大分で描いた後、紀州生まれの縁で空念法師が昌繁寺に招かれ、同様の曼陀羅を描いたのでは」と推測している。

佐藤副住職は「仙台と大分に同じ曼陀羅があるのは不思議。曼陀羅で縁が結ばれた極楽寺への訪問を機に、交流を深めていきたい」と話している。

【写真7】「読売新聞」（平成13年９月22日、朝刊、宮城版）

縁起文と制作銘

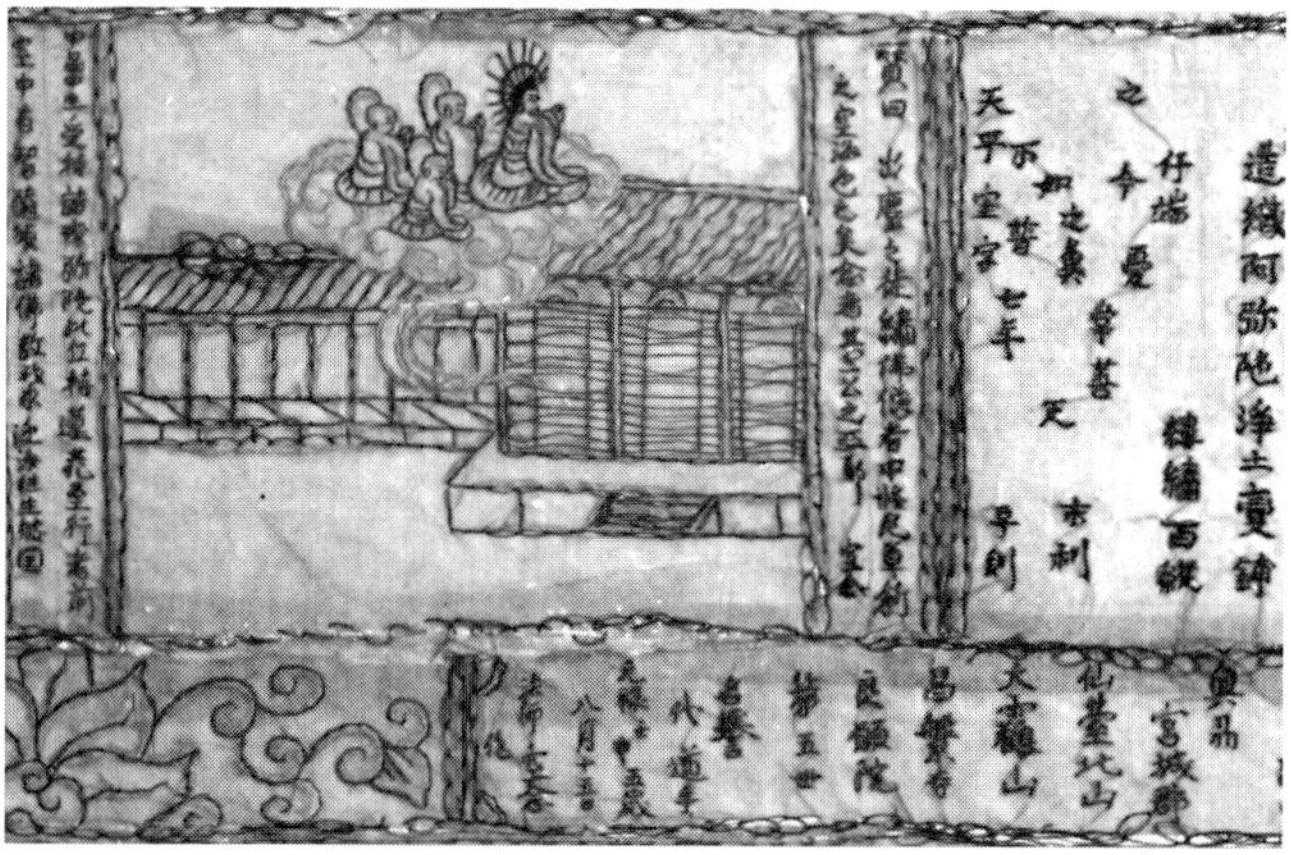

【写真８】昌繁寺本の

昌繁寺の起源・沿革に関する詳細は不明ですが、曼荼羅が制作された時の住職は中興開山とされる良願だったようです。昌繁寺本は、明治九年（一八七六）の宮城博覧会に出陳され、明治天皇の叡覧に供されたと伝えられています。

深まる謎

極楽寺と昌繁寺の二本の曼荼羅を見て、謎は解けるどころか深まる一方でした。空念とは、一体どんな人物だったのか、何故、宇佐と仙台なのか、肝心なことは何ひとつわからないままでした。

どのように調べたらよいのか、その手がかりさえ摑めないまま、秋も深まった頃、私は、青森県西津軽郡深浦町の円覚寺を訪ねました。明治時代に円覚寺の住職であった海浦義観が、空念の影響を受けて髪繍を縫いあげたという記録を国立国会図書館で見つけたためでした。円覚寺については、第Ⅳ章「語り継がれる空念―明治時代の僧侶たち―」の項目で詳細をお話ししたいと思います。円覚寺へお伺いしたことにより、義観については多くのことがわかりましたが、空念については、結局、手掛かりを見つけられないままでした。

青森から帰って一週間後、思いがけないことが起こりました。円覚寺の海浦由羽子氏からいただいたお手紙に三幅目の曼荼羅発見に繋がる手がかりがあったのです。私が青森を離れて数日後、海浦氏は、別件で円覚寺に送られてきた資料に「空念」という名前が書かれていることに気がつかれ、急いで私にそのことをお伝え下さったのでした。

その資料は、津軽家第四代藩主信政（一六四七～一七一〇）の事蹟を記した天明二年（一七八二）成立の『奥富士物語』の一部でした。そこには、元禄年中（一六八八～一七〇四）、山州伏見（京都市伏見区）の大樹院の空念という人物が「藤崎村摂取庵」で「十二万八千四人」の毛髪を集めて曼荼羅を縫いあげたとの出来事が記されていたのです。

この「藤崎村摂取庵」が、現在の青森県南津軽郡藤崎町の金光山摂取院（源空寺）であることを確認し、私は喜んで再び青森へと出かけたのでした。これまで〝双子〟の曼荼羅と称されていた極楽寺本と昌繁寺本でしたが、空念の曼荼羅は、まだ他にも存在していたのです。

発見！　三幅目の曼荼羅

青森県南津軽郡藤崎町にある摂取院は、東北地方で浄土宗の布教に努めたことで知られる金光上人（法然上人の弟子）が布教の際に藤崎の法輪丘に住んでいたことから、建保五年（一二一七）の金光の死によって施主堂が建立されたことに始まると伝えられています。しかしながら、当時を伝

【写真９】摂取院

える資料はなく、寺伝では、建保三年（一二一五）に金光を開山として創建したとされていますが、伝説の域を出ません。

私がお寺へ伺うと、御住職は曼荼羅を出して見せて下さいました。巻頭写真③にありますように、摂取院本には、極楽寺本、昌繁寺本の二本に確認できた縁起文の下の制作銘はありません。その代わり、摂取院には髪繍当麻曼荼羅の詳細を伝える縁起が二種所蔵されていました。一つは、①「（縁起）」（外題・内題なし、巻子一巻）で、もう一つは、②『摂取院之記』（写本一冊）に所収される「摂取院髪繍曼荼羅之縁起」です。②の縁起では、空念によって制作された曼荼羅について「焉唯恨銘文」とあり、曼荼羅に銘文（制作銘）のないことが惜しまれています。

① 当寺に珍蔵之曼荼羅の由来を尋るに、むかし空念上人とて白鶴道骨気高き上人、ある時当寺へ来り。元祖大師御作の尊像を拝し、信心の同行を集メカタリテ曰ク、我当摩（麻）曼荼羅を写さんとて数多貴き人の髪の毛を求る事かくの如し。今また当国男女の鬌毛を申受て是を□（拝カ）し、まんたら縫へ現ハして本尊に並へ□（懸または置カ）かば、此因縁によりて先立父母ハ浄土に往生し、残し子孫ハ寿命長生ならん。勧るに応し、目なら

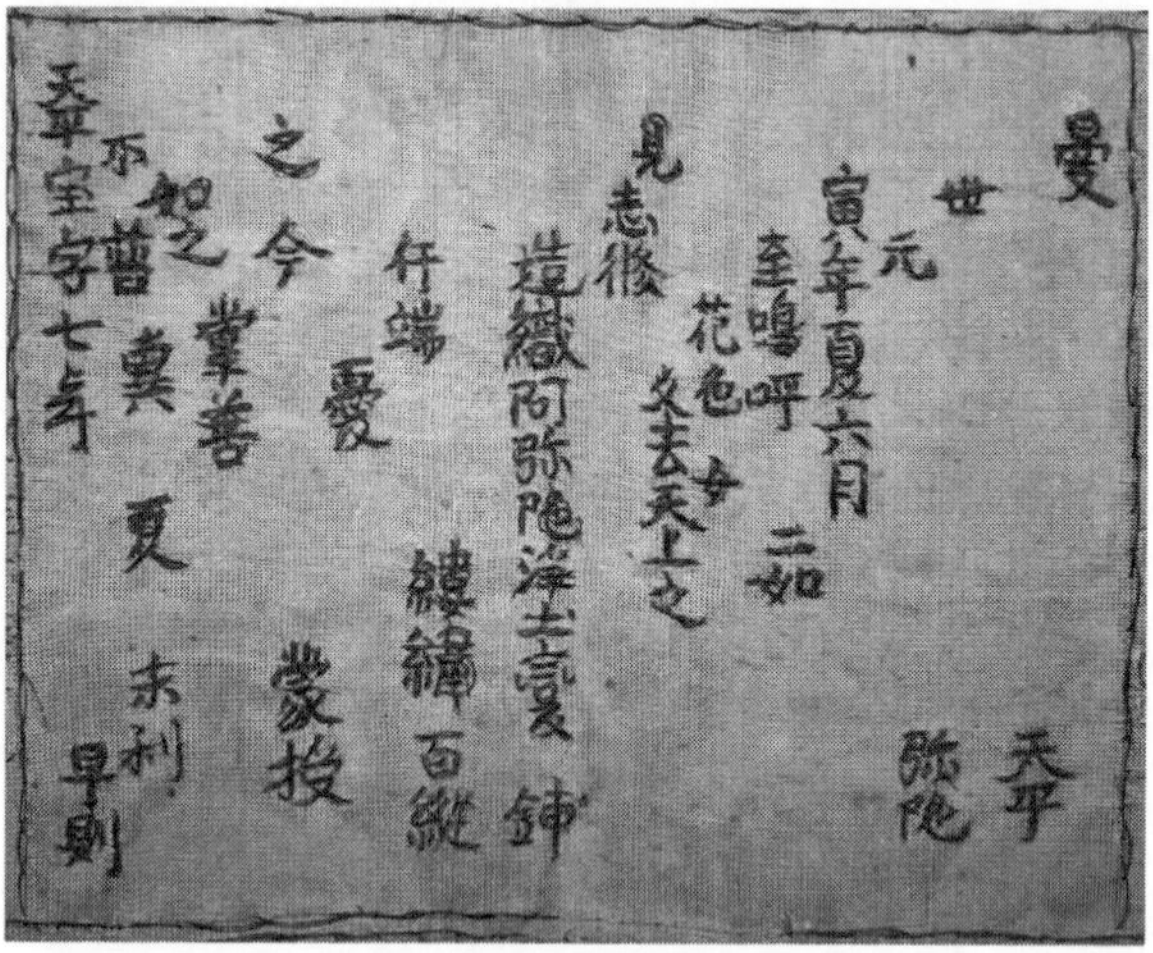

【写真10】摂取院本の縁起文

す。髪の毛集りしかハ、一百日を限り縫ひ初メけれハ、当国の大守藤原の信政公妙真院殿 高岡様の御事也卿聞あらせられ御喜びありて、御手自御鬢毛を取りて、山本氏を以て上人に送り玉ふ。上人有難頂成して、則中央弥陀の尊像の御面相を縫玉ふ。しかも百日にして当麻曼荼羅弐尺八寸に成就し畢ぬ。ア、、此上人中将姫観音菩薩再来歟。このまんたらを拝する輩ハ、当麻寺に参るもひとしかるへし。信心の衆中近ふよりて御縁を喜寿ふへきものなり。

②

摂取院髪繍曼荼羅之縁起

蓋聞、疑者縛生死獄毛縄、信者到涅槃城目足也。在昔安養慈尊不忍黙而拱手、駕法如之願輪、現凡質于当麻寺。為織丈五曼茶（「羅」脱カ）、宲是断疑利刀、生信券契、三国無比至宝者也。於是浄業之徒、敬瞻蓄聖境於胸懐、縮写現楽邦於戸牖、遐迩蒙利益者不可称計也。越有空念上人者。山州伏見大樹院之隠士也。戒行精苦、修法霊感不思議之人也。嘗礼宇内之霊区殆徧矣。以元禄四年辛未四月遊于津軽、拝当寺瑞像円光大師所彫之弥陀尊像是也加生肯信、又写繍当麻曼荼羅、欲納当寺使見者獲福也。即於仏前期一百日、断穀塩味、唯飡菜蔬、礼懺祈念不舎昼夜也。見聞結縁之得益者多矣。亦乞生髪一茎二茎於各人。貴賤男女随喜信敬各献黒白生髪、不日已満繍像料矣。於是乎上人、清身、著浄衣、如造像軌則作法而択吉辰、至髪鬚及器物等、香水洗浄、持白芥子投十方、加持造幀。以竺布為地方始於禁父縁之繍像外陳右辺現通勧悪段是也。于時当国大守藤原信政公聞之不耐随喜。手親採生髪数茎外供物等有之、命侍臣山本氏使者山本三郎左衛門殿是也而被贈之也。上人亦喜受之、以所賜生髪繍結中央寿尊之頂相内陳中台会阿弥陀如来是也。漸経数日、一幀変相儼然成辨畢縦弐尺八寸横弐尺六寸。見聞之諸人益懐浄信、各捐浄財許多、速為軸表具等。上人還七日七夜真実呪願、寄之弥陀瑞像而去。蓋其繍像妙巧焉可得而賛。焉唯恨銘文云云。夫当麻曼荼羅本意、惟在衆生頓証仏果。故雨華繽紛示灌頂薩埵之嘉瑞。天楽鳴空自唱降魔成道。吉祥霊禽華飛翻。加之、発心覚母者馳金猊加持、行願徧吉者駕白象灌頂。況乎願王慈尊四方飛騰、施神力加持之冥益、於是魔障遠跡百慶輻湊、彼金剛喩三摩地法門現前。優証得円満覚、焉一鋪浄土変、初従凡愚発心、竟至円満覚位、昭昭乎如視諸掌上。於戯偉哉。／元禄十年歳次丁丑六月二十三日／金光山源空寺摂取院第四代之住持／深蓮社心誉蓮池　謹誌

いずれの資料にも、空念の名前が確認でき、②の縁起には、空念が「山州伏見大樹院之隠士」であったと記されています。京都の伏見にあった大樹院の僧侶であった空念は「宇内之霊区殆

偏矣」とあるように、全国を行脚した漂泊の僧侶でした。このことは、先に挙げた空念制作の曼荼羅が、大分県や宮城県の各寺社に奉納されていることからもうかがえます。

法然自作の阿弥陀尊像を見た空念は、曼荼羅を奉納することを願い、百日間、十穀断をし、昼夜祈念し続けたといいます。空念が穀断をして人々の鬢髪を集めたことは、極楽寺本の制作銘にも縫いあげられていました。おそらく空念は、いずれの曼荼羅を縫いあげる時も、日を限って（摂取院本の場合は百日）穀断をし、人々から喜捨された鬢髪を集め、縫いあげ、各寺に奉納することを繰り返していたと推察されます。

摂取院へお伺いするきっかけとなった資料である『奥富士物語』（『新編青森県叢書』第六巻）には、当時の出来事が次のように記されています。

一、寛政元酉年（一七八九）水無月藤崎村浄土摂取庵にして、髪毛之曼陀羅並円光作之弥陀仏二七日開帳之事在、然るに此決（結）願同廿六日に我等御用席にて、不図参詣して拝せり。其曼陀羅之地は竹布とかや。白地にして、丈四尺斗、幅三尺程の地え九梵（品）浄土の体、相黒白の髪毛を以て、当摩（麻）之曼陀羅とかや写織、其料凡人数十二万八千四人之髪毛を以仏体並諸万像を縫顕せり。其仏像乃森羅万像断文之筆点迄、寔に以鮮麗也。実に難有品物也。

尤掛地の表具とも美を尽せり。
工者山州伏見大樹院之僧侶空念坊にして、元禄年中（一六八八〜一七〇四）に当庵に下着し、同四年（一六九一）未年正月より四月朔日迄百日にして成願と言。然るに、此儀達妙心院様（信政）御聴に御側役、山本三郎左衛門為御使者と御櫛毛三筋被下、右御使者先立時之御代官青木六左衛門と言。日は四月朔日にて有之由、則弥陀尊御首に継入ると彼縁起に詳也。（中略）右曼陀羅御櫛毛之儀、或人に尋候処山本三郎右衛門御使者にて被下儀、本より無紛事にて、彼家伝にも有之とかや。

津軽信政が摂取院本の制作を知って、使者を遣わして櫛毛三筋を空念に届けさせ、その髪は摂取院の阿弥陀尊の首部に使われたとあります。このことは、先に挙げた摂取院に所蔵される二本の縁起にも「中央弥陀の尊像の御面相」「中央寿尊之頂相」と記されていたことと合致しています。『奥富士物語』によれば、摂取院本にはおよそ十二万八千四人の毛髪が使われたそうです。

また、陸奥五所河原の庄屋であった平山半左衛門が記した『平山日記』（みちのく叢書十七）の元禄四年（一六九一）の条は、実際に当時の人々がどのような状況で喜捨し、往生を願ったかを書きとめた貴重な記録です。

○八月朔日ゟ藤崎万日念仏堂ニ而旅僧参、曼陀羅継申候、此僧ハ上方ゟ行脚之僧ニ候由、男女不寄老若、人之髪毛を集、其髪毛を集、其髪毛ニ而縫申候間、是奇代之名人と申候。参詣之男女髪を抜れながら難有と申候而銭ヲ出、拝み申候。

「藤崎万日念仏堂」は、現在の摂取院の前身です。そして、念仏堂を訪れた「旅僧」は空念を指すと考えられます。その業は「奇代之名人」と称されるもので、風聞を聞いてでしょうか、念仏堂に参詣した男女は、髪を抜かれながら有り難いと金銭を差し出し、拝んでいた様子が書きとめられています。同様の記録は、『永禄日記』（みちのく叢書一）や『信政公御代日記』（弘前市立弘前図書館蔵「史料館所蔵津軽家文書」二十四）にも確認できます。空念は、諸国を行脚しながら民衆の生活なかに溶け込み、往生を願う人々の願いや期待を一身に受け、勧進活動を展開していたことがうかがえるのです。

②の縁起の奥書からも明らかなように、空念が摂取院を訪れたのは第四世蓮池上人の時でした。蓮池は摂取院の中興開山とされている僧侶です。摂取院にある蓮池の位牌の表書（裏書な

し）には

正徳五年《(一七一五)》／中興開山深蓮社心誉上人蓮池大和尚品位／十月二十九日

とあります（寂年月日は『摂取院之記』も同じ）。『摂取院之記』の歴代住職に関する記述に拠れば、第三世教誉上人は、延宝年中《(一六七三〜一六八一)》に亡くなっており、その後、貞享の初め《(一六八四〜一六八八)》、檀信徒の求めに応じて蓮池が住職となるまでの四十数年間、寺（現摂取院）は無住だったようです。蓮池の精力的な活動によって、寺は再興されたと伝えられています。

そもそも、摂取院という寺号が授けられたのも蓮池の時代で、それ以前は御堂で、寺号はなく、摂取院は、「念仏堂」「万日念仏堂」などと称されていたようです。弘前市立弘前図書館蔵「天和四年《(一六八四)》藤崎村絵図」には「念仏堂」とあり、先に挙げた諸資料にも「藤崎万日念仏堂」（平山日記）、「藤崎浄土念仏堂」（永禄日記）などとあります。

摂取院蔵『摂取院之記』や、弘前市立弘前図書館蔵『浄土宗諸寺院縁起』に所収される「摂取院縁起」（末尾に「元禄十四年《(一七〇一)》七月下旬」とあり）等には、元禄十年《(一六九七)》に、蓮池が増上寺三十二世貞誉から、金光山源空寺摂取院の山号、寺号を授けられたことが記されています。また、浄土

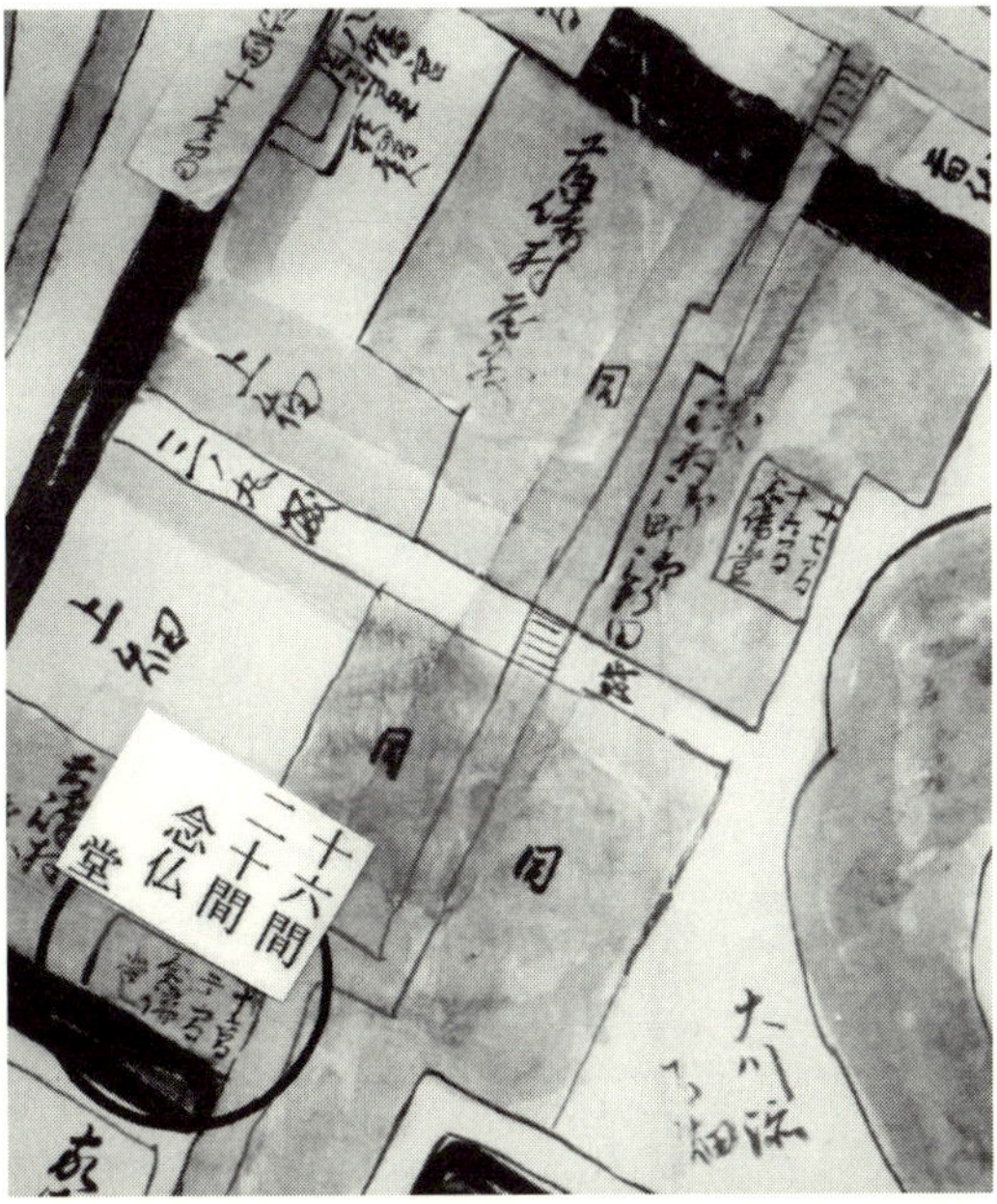

【写真11】弘前市立弘前図書館蔵
「天和４年（1684）藤崎村絵図」

宗名越派本山である専称寺（福島県いわき市）が所蔵する「津軽摂取院口上覚写」（専称寺文書）には、蓮池が法然自作の阿弥陀像（像高二五・七糎）を本尊として寺を再興したこと、増上寺大僧正（三十二世貞誉）から名号を授けられたことが記されています。

阿弥陀像が蓮池の時に持ち伝えられたものとされることは、元禄期に義山が記した『御伝翼賛遺事』（『浄土宗全書』第十六）「石垣金光房事実」にも次のようにあります。

又近頃（元禄年中）一行脚ノ僧アリ、弥陀ノ像一軀ヲ奉持ス、此尊像ハ元祖大師ヨリ金光房エ遺属ノ本尊（尊影記之）ナルヨシユヘ、津軽領藤崎（弘前ヨリ外ノ浜ヘ出ル通路ナリ、行程三里許アリ）ト云フ所ニ一堂ヲ草刱シ、金光山源空寺ト名テ不断念仏ヲ始行セルナリ。里老伝テ云ク、金光房始ハ此本尊ヲ護持シ給テ仲村ト云フ所ニテ念仏弘通アリシガ、其後津軽ノ波岡ニ居住マシマス、又本尊ハ処処ノ民家ニ渡リ給ヒシガ、機縁ノ熟スルニヤ、今ハ藤崎ニ安置シ崇敬シ奉ルナリ。

「一行脚ノ僧」は「元禄年中」という年代から、蓮池を指すと考えられます。元禄十年（一六九七）に増上寺に本尊を奉持する以前、蓮池が寺（念仏堂）の再興を企てて間もない頃（元禄四年（一六九一））、空念は念仏堂を訪れたことになります。

この点に関しては、菅江真澄（一七五四〜一八二九）の見聞も興味深い記録として注目できます。『すみかのやま』寛政八年（一七九六）五月十二日条には、阿弥陀像について、昔、浪岡の中野村にあったのを、人々の手から手にわたり、仲村という所で修行者の法師が手に入れ、藤崎に持参し、その村に寺（金光坊源空寺）を建立したとの風聞が書き留められています。この修行者の法師が、「一行脚ノ僧」（『御伝翼賛遺事』）とも記されていた蓮池であることは、次の、『つがろのおち』寛政九年（一七九七）五月二十七日条の記述からも明らかでしょう。

> 此藤崎に、金光山摂取院源空寺に、法然聖人みてづから作らせ給ふ、あみだぼとけの像一体あり。こは、山城の国伏見の里なる大樹院の僧侶蓮池房藤崎に安居し、波岡に行乞し中野村（浪岡町）にいたりて、ゆくりなうこのみほとけを得たり。后に、山号院号寺号等を増上寺より寄附ありきとか。　（『菅江真澄全集』三）

この記述で、さらに注目できるのは、蓮池が「山城の国伏見の里なる大樹院の僧侶」であったという点です。伏見の大樹院と言えば、お気づきになられた方もあるでしょう。そうです。空念も同じ大樹院の僧侶でした（『摂取院之記』『奥富士物語』）。

この記述に拠るならば、阿弥陀像を運び、摂取院を建立した蓮池も、空念と同じ大樹院の僧侶だったということになります。空念が摂取院を訪ねた当時、念仏堂の住持は、空念と同じ大樹院出身の蓮池であり、空念は蓮池との繋がりもあって、摂取院にしばらく滞在し、勧進活動を展開した可能性も考えられるのです。

三幅三様が意味すること

先に挙げた、摂取院所蔵「(縁起)」には、空念は「一百日を限り、縫ひ」始め、「百日にして当麻曼荼羅弐尺八寸」を完成させたとありました。ここに挙げた三幅の曼荼羅は、いずれも輪郭線はもとより、全て毛髪で縫いあげられています。毛髪は黒髪のみならず、要所に白髪も用い、黒白で一枚の絵像を表現しています。白髪は、主に飛雲や後背の内側の輪郭線に用いられており、その点もそれぞれの曼荼羅に共通しています。一部に下絵の線も確認できることから、縫う前には、下書きをし、一針一針縫いあげていたのでしょう。縫い方は、平絹の地を用いて、一、二本の髪を糸のように用いて、主に纏い繍で縫っています。また、阿弥陀の螺髪は一つ一つ渦巻状に縫われています。複雑な技法を多用した繍仏とは言えませんが、全体を髪繍で表現する細やかさは驚くべきものです。

それぞれの曼荼羅の大きさは一定ではありません（次頁【表1】）。しかし、図像の特徴は概ね一致しており、外陣下縁（散善義）の九品来迎図は、三幅いずれも下縁立像形式（上品上生以下来迎する阿弥陀聖衆が立像で描かれた形式）で、縁起文は六十余字拾遺式です。また、縦長の曼荼羅で、内陣の図様に奥行が認められる点も特徴として挙げられます。

九品来迎図の阿弥陀聖衆の図像に、坐像と立像の形式があることについては、伊勢天然寺の僧侶であった大順が、『当麻曼荼羅捜玄疏』（明和九年《（一七七二）》刊）で次のように指摘しています。

> 一二、聖衆坐立ノ差トハ者、新図ハ皆作二坐像一、古図ハ作二立像一。但古図ノ中、西師所覧ノ図此ノ図可レ疑者、如二統説一云々上三品作二坐像一。袋中ノ図、上上ノ一品作二坐像一西阿ノ図亦同レ之二。如二袋中ノ図一、恐ハ是レ写誤ナラン矣。
>
> （第七冊四十七丁オ）

大順のいう「新図」は、現在、当麻寺本堂に懸けられている文亀曼荼羅、及び江戸時代に制作された下縁坐像形式の曼荼羅を指し、「古図」は、禅林寺蔵当麻曼荼羅（京都国立博物館寄託、以下正安本）をはじめとする鎌倉時代の転写本（文亀曼荼羅以前）を指すと考えられています。

これまでの研究によって、「新図」と「古図」の呼称、分類には問題が残るとされていますが、

【表1】三幅の髪繡当麻曼荼羅の比較

	極楽寺本	昌繁寺本	摂取院本
所蔵先	大分県宇佐市極楽	宮城県仙台市昌繁寺	青森県南津軽郡摂取院
制作年	延宝六年（一六七八）以降	元禄五年（一六九二）	元禄四年（一九六一）
大きさ（単位㎝）	一二一・三×八四・一	一六四・〇×一一三・〇	八二・六×七六・〇
制作銘	有	有	無
縁起文	六十余字拾遺式	六十余字拾遺式	六十余字拾遺式
外陣図相	下縁立像形式	下縁立像形式	下縁立像形式
主な技法	纏い繡	纏い繡	纏い繡
喜捨した人数	八四〇〇〇人（制作銘）	八九六三人（制作銘）	一二八〇〇四人（奥富士物語）
備考	当初は宇佐八幡宮に奉納された。明治時代初期に極楽寺に安置される。	中興開山とされる良願の時に空念により奉納された。	制作銘はないが、縁起が現存する。中興開山とされる蓮池の時に空念により奉納された。

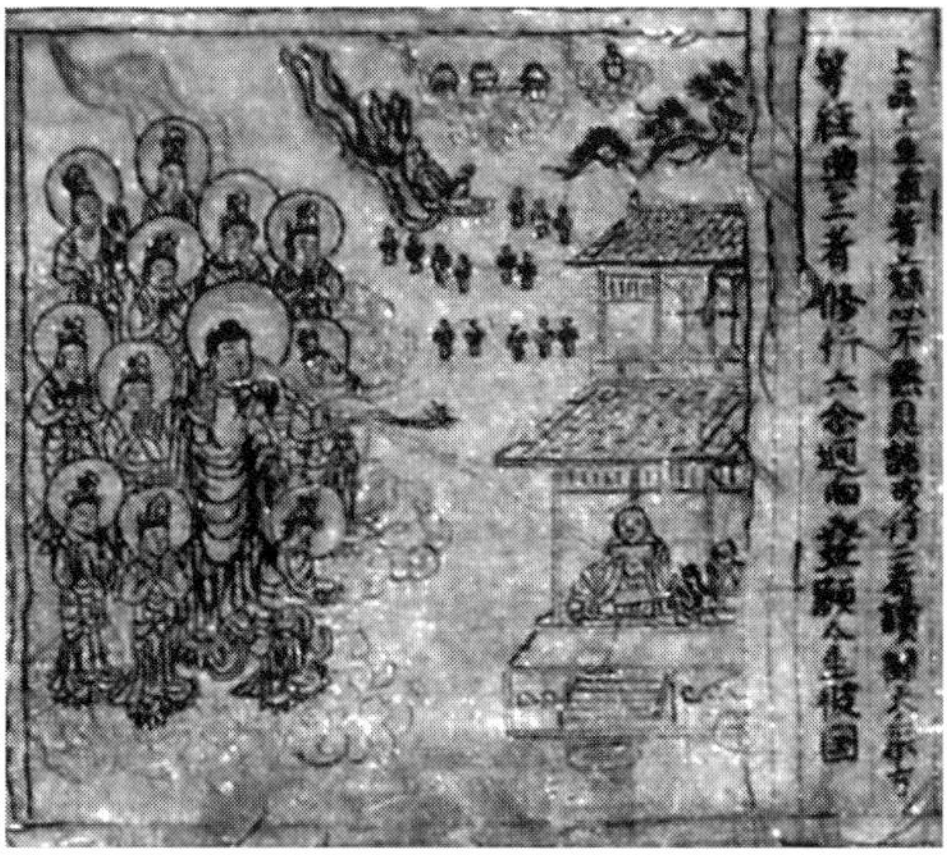

【写真12】極楽寺本　上品上生

【写真13】『当麻曼荼羅捜玄疏図本』上品上生（古図）（右）
【写真14】『当麻曼荼羅捜玄疏図本』上品上生（新図）（左）
＊【写真13･14】ともに『当麻曼荼羅捜玄疏』にも同図あり

【表2】江戸時代前期に制作された当麻曼荼羅にみる九品来迎図（下縁）に描かれた菩薩・声聞の数

	所蔵先	制作年	大きさ（単位cm）	上品上生	上品中生
極楽寺本	大分県宇佐市	延宝六年（一六七八）以降	一二一・三×八四・一	菩11	菩8
昌繁寺本	宮城県仙台市	元禄五年（一六九二）	一六四・〇×一二三・〇	菩11	菩8
摂取院本	青森県南津軽郡	元禄四年（一六九一）	八二・六×七六・〇	菩14 声2	菩8 声2
浄徳寺本	山形県酒田市	貞享二年（一六八五）	二〇四・七×一七八・〇	菩11	菩8
大超寺本	大分県日田市	享保二年（一七一七）	二七二・一×二一三・三	菩11	菩8
檀王法林寺本	京都市左京区	寛永九年（一六三二）	八九・〇×七三・四	菩11	菩8
［参考］禅林寺本（正安本）	京都市左京区	正安四年（一三〇二）	三七四・八×三九一・二	菩10 声4	菩5 声4
［参考］当麻寺文亀本	奈良県葛城市	永正二年（一五〇五）	三七八・〇×三八八・〇	菩14 声1	菩7

備考（九品来迎図の形式、縁起文の特徴など）	九品来迎図（菩薩・声聞の数、菩薩「菩」、声聞は「声」と記す。配置位置によって分けて記す。）						
	下品下生	下品中生	下品上生	中品下生	中品中生	中品上生	上品下生
髪繍、立像式、六十余字拾遺式	菩・声、無 往生人、無	菩2 菩2	菩2 菩2	声2	声3	声2 声5	菩5
髪繍、立像式、六十余字拾遺式	菩・声、無 往生人、無	菩2 菩2	菩1・声1 菩2	声2	声3	声2 声5	菩5
髪繍、立像式、六十余字拾遺式	菩・声、無 往生人、有	菩2 菩2	菩2 菩2	声2	声2	菩1・声1 声5	菩6
絹刺繍、立像式、六十余字拾遺式	菩・声、無 往生人、有	菩2 菩2	菩2 菩2	声2	声3	声2 声5	菩5
絹本著色、立像式、六十余字拾遺式	菩・声、無 往生人、有	菩2 菩2	菩2 菩2	声2	声3	声2 声5	菩5
木版、立像式、六十余字拾遺式	菩・声、無 往生人、無	菩2 菩2	菩1・声1 菩2	声2	声3	声2 声5	菩5
絹本著色、立像式、全文収録式（約四一四字）	菩・声、無 往生人、有	菩2 菩2	菩2	声2	声2	声2 声5	菩10
絹本著色、坐像式、全文収録式（約四一四字）	菩・声、無 往生人、無	菩2 菩4	菩3 菩2	菩4	菩2	菩2 声2	菩5

九品来迎図の坐像形式と立像形式に注目する指摘は、元禄十六年（一七〇三）刊『当麻曼荼羅述奨記』には記されていなかった指摘であり、注目できます。なお、この大順の指摘は、『当麻曼荼羅捜玄疏図本』（安政三年（一七七四）自序）など、後世の解説書にも受け継がれています。

空念による三幅の曼荼羅は、下縁立像形式の図像であることから、正安本系統（大義のいう「古図」）に近い図像であると言えるでしょう。また、六十余字拾遺式の縁起文をもっている点でも、正安本と空念の曼荼羅は共通しています。しかし、九品来迎図に描かれた聖衆（菩薩・声聞）の数を細かく比べると、違いが認められます（前頁【表2】）。また、髪繍当麻曼荼羅三幅のうちでも聖衆の数には相違があり、極楽寺本と昌繁寺本に描かれる聖衆の数は一致しますが、摂取院本とは異なります。例えば、正安本の上品上生の来迎の菩薩聖衆の数は十四体ですが、空念の曼荼羅は、極楽寺本、昌繁寺本が十一体、摂取院本が十六体と異なっています。聖衆の数は、上品上生以外の箇所でも異なります。

袋中の版木と空念の曼荼羅

摂取院本に近似する図像（九品来迎図に描かれた聖衆の数が一致する図像）については、今後の課題にしたいと思いますが、極楽寺本と昌繁寺本（以下極楽寺本系）に近似する図像について、若干思うところを述べておきたいと思います。

空念の活躍時期とほぼ同時代の当麻曼荼羅で、極楽寺本系の構図によく似た曼荼羅の例として、大分県日田市大超寺蔵「当麻曼荼羅図」（享保二年《一七一七》制作）や、山形県酒田市浄徳寺蔵「当麻曼荼羅図」（貞享二年《一六八五》制作、本間美術館寄託）があります。両曼荼羅とも、縦長で奥行が認められ、六十余字拾遺式の縁起文をもち、九品来迎図は立像形式で、聖衆の数も極楽寺本系と一致します。しかし、このように美しく彩色された大きな曼荼羅を空念が持ち歩いていたとは考えにくいものです。〈見せる〉ことを目的とせず、髪繍当麻曼荼羅を縫い上げるための手本として、曼荼羅を持ち歩いていたと考えるならば、江戸時代に幅広く流布した、刷物の当麻曼荼羅のような簡易な当麻曼荼羅を持ち歩いていたと考える方が自然ではないでしょうか。

そこで、興味深い当麻曼荼羅として注目されるのが、檀王法林寺が所蔵する「当麻曼荼羅図」（版木、以下法林寺本）です。法林寺本も縦長で奥行が認められ、六十余字拾遺式の縁起文をもっています。さらに注目すべきは、九品来迎図が立像形式で聖衆の数も極楽寺本系と一致する点です。

法林寺本は、袋中（一五五二〜一六三九）によって寛永九年《一六三二》に彫成され、檀王法林寺に納められたものです。表の下方に「寛永九壬申正月二十五日板成」との刻記があり、背面には、袋中

【写真15】大分県日田市大超寺蔵「当麻曼荼羅図」

【写真16】山形県酒田市浄徳寺蔵「当麻曼荼羅図」

【写真17】京都市檀王法林寺蔵「当麻曼荼羅図」

【写真18】京都市檀王法林寺蔵「当麻曼荼羅図」縁起文

【写真19】同上　上品上生

によって、亡父母と先祖と一切衆生の極楽往生を願う京都の信徒（三十郎／戒名道春）が願主となって寛永九年に完成したことが記されています。

> 奉刻彫当麻寺浄土曼荼羅所／右所志者先年夢中拝見弥陀尊三尊。在心不捨離縁之起。此板漸成就了。依此功考妣道報妙縁得脱、同為七世六親法界衆生同証。願以此功徳平等施一切。同発菩提心、往生安楽国。／寛永九年壬申正月廿五日／願主京聚落三十郎戒名道春／此執筆弁蓮社袋中良定（花押）

後述しますが、空念はもともと伏見の大樹院の僧侶で、延宝六年（一六七八）には、北野の成願寺（上京区）に髪繡涅槃図（巻頭写真④）を奉納し、翌七年（一六七九）には、五条の荘厳寺（左京区）に髪繡二十五菩薩来迎図（現在は髪繡阿弥陀三尊来迎図、巻頭写真⑦）を奉納しています。空念が法林寺本の存在を知っていた可能性は十分に考えられるでしょう。

民衆の毛髪を集め全国を歩いた空念にとって、布教師としての先達であった袋中は、どのような存在だったのでしょうか。今のところ、空念が袋中の影響を受けたことを具体的に示す資料は残されていませんが、両者の活動とその足跡を考えると、極楽寺本系の図像と、江戸時代前期に彫成された版木のなかでも、とりわけ精緻に彫成された法林寺本の図像の一致は、注目すべき点ではないかと思うのです。

Ⅲ　空念の正体

山州伏見大樹院のこと

諸国を行脚した空念は、もともと上方の僧侶でした。そのことは先に挙げた、摂取院蔵『摂取院之記』に記されている「摂取院髪繍曼荼羅之縁起」に「越有空念上人者山州伏見大樹院之隠士也」とあることや、天明二年(一七八二)成立の『奥富士物語』に「工者山州伏見大樹院之僧侶空念坊にして、元禄年中(一六八八〜一七〇四)に当庵に下着し(後略)」と確認できることからもうかがえます。

それでは、空念がいた大樹院とはどのような寺院だったのでしょうか。大樹院について、『蓮門精舎旧詞』を確認してみると、天正十九年(一五九一)に、玄誉が平等院から隠居して開基した寺であるとあります。

○同州伏見墨(ママ)茶屋町金鶏山寺号不知。開山閑蓮社玄誉上人。姓氏生国学問檀林附法之師不知。天正十九辛卯年、宇治自平等院隠居而当寺開基。元和五年(一六一九)正月廿七日寂。行年不知。口称印。

さらに、大樹院がどこにあるかを確認するため、地誌を探すと、享保十三年(一七二八)成立の『伏見大概記』に「同（浄土宗知恩院末）同所（馬責場）大樹院」とあるほか、安永九年（一七八〇）刊『伏見鑑』（下）には「大樹院　馬責場　同末寺（京知恩院末寺）」、文久三年（一八六三）成立『花洛羽津根』には「同（伏見）墨染（ママ）茶や丁　大樹院」とありました。

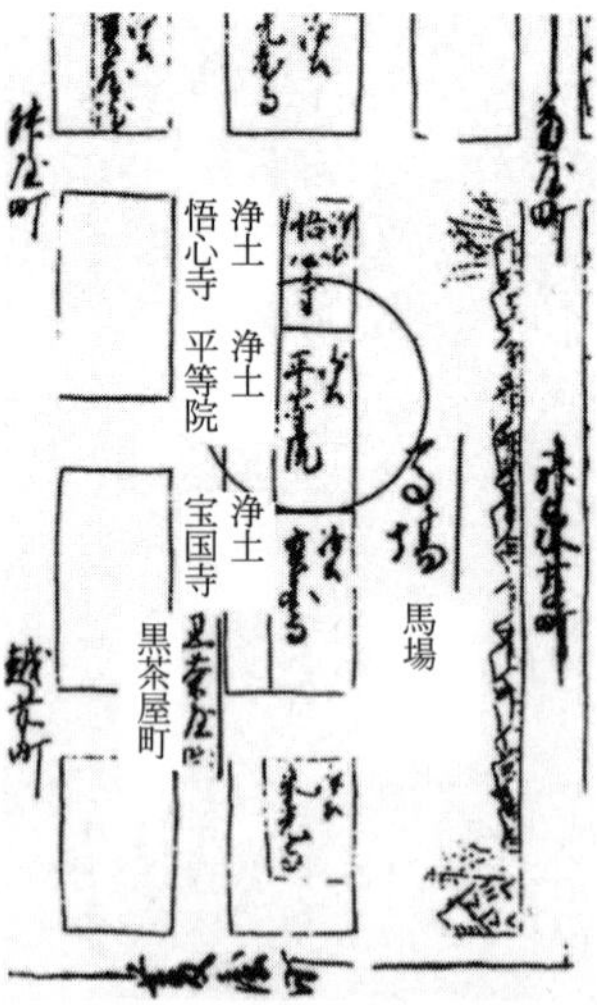

【写真20】京都大学附属図書館蔵
「山城国伏見街衢近郊図」

現在、「馬責場」という地名はありませんが、京都市伏見区榎町に該当します。寛文十年（一六七〇）成立の京都大学附属図書館蔵「山城国伏見街衢近郊図」は、空念が活躍した頃に制作された絵図で、「馬場」と「黒茶屋町」の通りの間に、「浄土悟心寺」、「浄土平等院」、「浄土宝国寺」とあるのが確認できます。「浄土平等院」は、浄土宗大樹院を指します。おそらく、『蓮門精舎旧詞』に記されていたように、平等院三世玄誉上人開基の寺であることから、当時、平等院とも称されていたのでしょう。同館蔵「伏見図」には、宝国寺の隣（「山城国伏見街衢近郊図」では「浄土平等院」の位置）に「大樹イン」とあるのが確認できます。

実際尋ねてみると、悟真寺と宝国寺は現在もあるのですが、その間にあるはずの大樹院は現存しません。大樹院があったとされる場所は放水路となっていて、榎橋という橋が架けられています。昭和十六年に記された地誌『新市域各町誌』には、次のようにあります。

▽上榎町　▽下榎町

豊公時代の調馬場。俗に馬駆け場と云った。東側は南から悟真寺、大樹院、宝国寺、空地を越えて来迎寺と仏刹が並び、享保年間（一七一六～一七三六）に西側へ民家が建った。斯様に開地が遅れたので、明治維新迄は「地方榎町」と称し、恰かも地方山崎町の如く町組の行事、負担から除外し、農村扱ひされてゐた。昔は悟真寺と大樹院の地階へ中之町筋の道路が延び、上板橋筋と中之町筋の間を朱雀四丁目と称したが、後ち町名を南接の七軒町へ譲って榎町へ合併し、昭和三年放水路開墾から町を南北両断されて、上榎、下榎町に分れた。榎町の名称は放水路の以南、悟真寺地界迄にあつた大樹院の榎の巨木から称したら

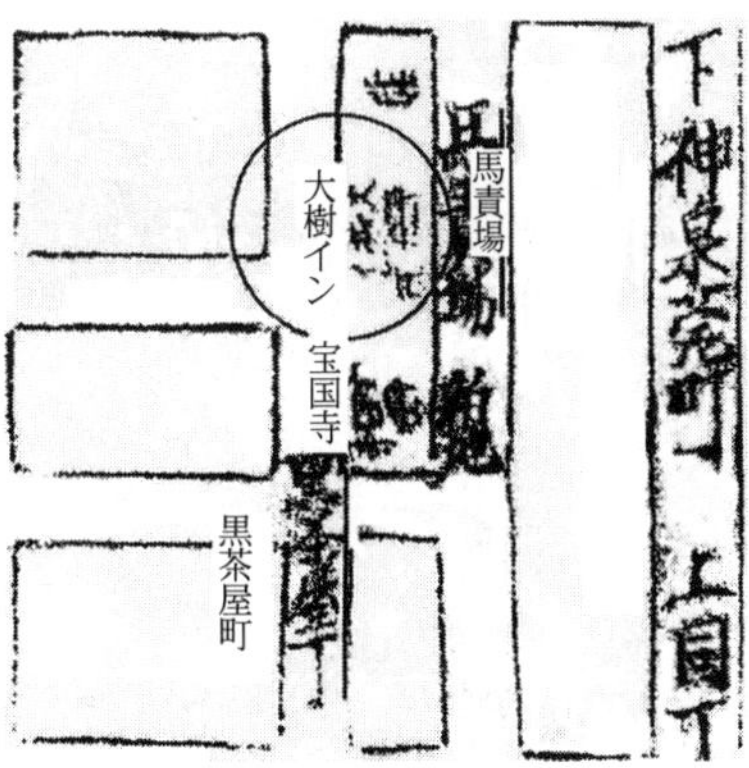

【写真21】京都大学附属図書館蔵
「伏見図」

【写真22】榎橋

しい。悟真寺は浄土宗で、僧月公開基の境内に会津藩士柴宮八三郎行孝外九名と兵士五十三人の伏見島羽役招魂碑がある。題字は榎本武揚の書。

大樹院はいつまで存在したのでしょうか。『新市域各町誌』が記す、榎町の地名由来となった「大樹院の榎の巨木」も、現在は確認できません。明治十六年(一八八三)の『寺院明細帳』(京都府立総合資料館蔵)に大樹院に関する記載はなく、大正十五年(一九二六)の『伏見民政誌』には、「廃寺ノ部(中略)大樹寺　榎町」とあります。「明治十一年(一八七八)紀伊三郡社寺什器調査類」の記述を見ると、「伏水第弐区榎町／浄土宗　大樹院無住／組寺惣代　同区同町　悟真寺住職　明治十一年十一月熊谷魁禅」とあって、既に大樹院は無住となっています。おそらく明治十一年には、悟真寺の管理下にあり、大樹院自体は、殆ど寺としての機能は果たしていなかったと推察されるのです。悟真寺住職花園善信師によれば、大樹院は明治十年(一八七七)に廃寺になったと伝えられているといいます。現在も悟真寺には、大樹院の本尊であったとされる阿弥陀如来立像と、明治初期の位牌一基が伝わっています。確認する限りでは、現存する大樹院の僧侶空念に関する資料及び、空念が活躍した当時の大樹院の様子を伝える資料を見つけ出すことはできませんでした。しかし、空念が、天正十九年(一五九一)に創建された、この大樹院の、十七世紀半ば頃の僧侶であったことは間違いないでしょう。

空念の足跡

摂取院を訪ねてみて、それまでよくわからなかった空念の実像が少しずつ見えてきました。『摂取院之記』には、髪繡当麻曼荼羅の由緒を伝える縁起のほか、さらに、空念の足跡を辿る手がかりとなる記録が書き留められていました。そして、その記録からは、空念による髪繡が、極楽寺、昌繁寺、摂取院に所蔵されている曼荼羅三幅のみではないことが明らかになってきました。全国的な規模で活動を展開していた一僧侶の旺盛な勧進活動の実態が徐々に浮かび上がってきたのです。まずは、『摂取院之記』に残されたその記録を確認してみることにしましょう。

願曰

一、相州高座郡延命寺ニ涅槃　壱幅　延宝弐寅年
一、武州陸奥郡西蓮寺ニ曼荼羅　同　仝三卯年
一、相州愛相郡大悲寺ニ涅槃　同　仝四辰年
一、摂州住吉願生寺ニ涅槃　同　仝五巳年

一、京都北野成願寺ニ涅槃　同　仝六午年
一、京都五条荘厳寺ニ二十五菩薩　壱幅　仝七未年
一、山州宇治善法寺ニ三尊　同　仝八申年
一、大坂重願寺ニ曼荼羅　同　天和元酉年
一、小幅二十幅所々ヱ結縁　仝弐戌年
一、仝　二十七幅所々ヱ寄進　仝三亥年
一、六字三尊観音以上四幅　四国結縁　貞享元子年
一、長崎生寿院ニ曼荼羅　同　仝弐丑年
一、山城国伏見大樹院ニ涅槃　同　仝三寅年
一、泉州堺専称寺ニ曼荼羅　同　仝四卯年
一、肥後国阿弥陀寺ニ六字　同　元禄元辰年
一、江戸浅草光感寺ニ曼荼羅　同　仝弐巳年
一、羽州秋田光明寺ニ涅槃　同　仝三午年
一、奥州津軽郡藤崎摂取院ニ曼荼羅　壱幅　仝四未年

右髪毛ハ、貴賤輩拾壱万三千弐百余自壱人モ無漏事。故ニ延宝六午年、忝モ大（ママ）上法皇

後水尾帝被召寄涅槃・曼荼羅、被遊御叡覧。一箇宝物ヲ頂戴シ、京都北野成願寺什物奉寄附法名円浄者也。皆是内施功徳現応誰是不信仰哉。一等平均即心即仏。

山州伏見大樹院
法師　空念

このような記録が出てきた場合、すぐに事実を伝えるものか否かを判断することはできないため、個々に検証していくことになります。結論から述べると、戦災などによる宝物の焼失や寺院自体が廃寺となってしまった例もあり、記述された内容全てにおいて一致はしないものの、右の記述は、空念の足跡の一端を伝える信憑性の高いものとみてよいでしょう。その理由として、

（一）　右に記された寺院に所蔵されている空念制作の髪繡が現存する（現存していた）例が五例（京都・成願寺、京都・荘厳寺、泉州・専称寺、羽州・光明寺、奥州・摂取院）確認できること。

（二）　その五例全て、奉納物が『摂取院之記』の記載内容と合致すること。

（三）　京都・成願寺が所蔵する涅槃図に空念の制作銘があり、銘文に縫いあげられた制作年と『摂取院之記』に記された年が合致すること。

以上三点が指摘できます。ただ、この記録の中に、極楽寺本（一六七八年以降制作）や昌繁寺本（一六九二年制作）に関する記述は確認できないため、空念が制作した髪繍の全てを網羅した記録とは言えません。このほかにも、空念によって制作された髪繍は複数存在したと考えられます（【表3】【図1】）。

『摂取院之記』には、六十六幅の空念による髪繍の仏画が挙げられており、さらに、後述する秋田県秋田市光明寺所蔵の過去帳には、空念が当麻寺に奉納した曼荼羅を買い取って光明寺の所蔵にしたとの記述があります。これらの髪繍に、さらに極楽寺と昌繁寺の髪繍を合わせると総数六十九幅となります。また、『摂取院之記』に記された寺院名や地名のなかには、比定し得る場所が特定できない例もあり、一部書き誤りの可能性も考えられます。しかし、延宝二《（一六七四）》年から元禄四《（一六九一）》年の空念の活動の一端を探る手がかりとして、この記録はとても貴重なものです。

【表3】空念の足跡

	有無	年・西暦	『摂取院之記』にある旧地名	寺院名	比定される現寺院の所在	宗派（現在）	形態	数	寸法	備考	根拠とする資料
1	×	延宝二年（一六七四）	相州高座郡	延命寺	神奈川県綾瀬市	高野山真言宗	涅槃	1	—	かつて浄土宗（流派未詳）、本尊は阿弥陀如来。	摂取院之記
2	×	延宝三年（一六七五）	武州陸奥部	西蓮寺	東京都品川区	浄土宗	曼荼羅	1	—	廃寺（神奈川県横浜市戸塚区西蓮寺御住職の御教示による）、浄土宗（流派未詳）。	摂取院之記
	×	同	同	（西蓮寺）	埼玉県八潮市	浄土宗	曼荼羅	1	—	戦禍で焼失し、寺宝は殆ど現存せず。浄土宗（流派未詳）。	摂取院之記
3	×	延宝四年（一六七六）	相州愛相郡	大悲寺	—	—	涅槃	1	—	廃寺か。愛相郡は愛甲郡の誤りか。愛甲郡の現存する寺院に該当する寺院は確認できず。	摂取院之記
4	×	延宝五年（一六七七）	摂州住吉	願生寺	大阪府大阪市住吉区	浄土宗鎮西派	涅槃	1	—	江戸時代に移転、天正元年（一五七三）開基。	摂取院之記
5	○	延宝六年（一六七八）	京都北野	成願寺	京都府京都市上京区	浄土宗鎮西派	涅槃	1	一七〇・六×八四・二	髪繍涅槃図に空念の制作銘あり、後補の箱に文政十年（一八	涅槃図縫付の制作銘、摂取院之記

										二七）の記述あり。	
6	○	未詳（延宝六年（一六七八）以降）	（記載なし）	極楽寺	大分県宇佐市	真宗本願寺派	曼荼羅	1	一二一・三×八四・一	元宇佐八幡宮蔵。曼荼羅の制作銘に延宝午天（一六七四）とあるため、極楽寺の髪繍当麻曼荼羅自体の成立は、延宝六年（一六七八）以降と考えられる。	曼荼羅縫付の制作銘、略縁起など
7	○	延宝七年（一六七九）	京都五条	荘厳寺	京都府京都市左京区	時宗	二十五菩薩（現状は三尊）	1	六五・〇×二三・〇（現存部の寸法）	繍仏の周辺部が切り取られ、空念の制作銘なし（切り取られたか）。周辺部がなく、現在は三尊となっている。	摂取院之記
8	×	延宝八年（一六八〇）	山州宇治	善法寺	京都府宇治市宇治妙薬	浄土宗鎮西派	三尊	1	―	戦禍で焼失し、寺宝は殆ど現存せず。	摂取院之記
9	×	天和元年（一六八一）	大坂	重願寺	大阪府東大阪市山手町	浄土宗鎮西派	曼荼羅	1	―	髪繍当麻曼荼羅は現存せず、不明。	摂取院之記
10～29	×	天和二年（一六八二）	（所在先についての記載なし）	―	―	―	―	20	―	「小幅二十幅所々エ結縁」とある。	摂取院之記
30～56	×	天和三年（一六八三）	（所蔵先についての記載なし）	―	―	―	―	27	―	「小幅二十七幅所々エ寄進」とある。	摂取院之記

	有無	年・西暦	『摂取院之記』にある旧地名	寺院名	比定される現寺院の所在	宗派（現在）	形態	数	寸法	備考	根拠とする資料
57〜60	×	貞享元年（一六八四）	（所蔵先についての記載なし）	—	—	—	—	4	—	「四国結縁」「六字三尊観音以上四幅」とある。	摂取院之記
61	×	貞享二年（一六八五）	長崎	生寿院	—	—	曼荼羅	1	—	廃寺か。該当する寺院は確認できず。	摂取院之記
62	×	貞享三年（一六八六）	山城国伏見	大樹院	京都府京都市伏見区	浄土宗鎮西派	涅槃	1	—	廃寺（明治十年頃）。空念は大樹院の僧。	摂取院之記
63	△	貞享四年（一六八七）	泉州堺	専称寺	大阪府堺市新在家町	浄土宗鎮西派	曼荼羅	1	—	現住職が御覧になられた記憶あり（大東亜戦争で髪繍当麻曼荼羅は焼失）。	摂取院之記
64	×	元禄元年（一六八八）	肥後国	阿弥陀寺	熊本県熊本市細工町	浄土宗鎮西派	六字	1	—	髪繍六字名号現存は現存せず、不明。	摂取院之記
65	×	元禄二年（一六八九）	江戸浅草	光感寺	東京都台東区	浄土宗鎮西派	曼荼羅	1	—	髪繍当麻曼荼羅は明暦の大火で焼失か。	摂取院之記
66	△	元禄三年（一六九〇）	羽州秋田	光明寺	秋田県秋田市旭北寺町	浄土宗鎮西派	涅槃	1	—	過去帳に髪繍涅槃図と髪繍当麻曼荼羅に関する記載あり。涅槃図は秋田の大火三回のうち	摂取院之記・秋田市光明寺蔵「過去帳」

										に焼失か。	
67	○	元禄四年（一六九一）	奥州津軽郡藤崎	摂取院	青森県南津軽郡藤崎町	浄土宗鎮西派	曼荼羅	1	八二・六×七六・〇	髪繡当麻曼荼羅自体に制作銘はないが、別添の縁起（一巻）が現存する。旧名越派寺院。	縁起（一巻）・摂取院之記・奥富士物語・平山日記・信政公御代日記・永禄日記
68	○	元禄五年（一六九二）	（記載なし）	昌繁寺	宮城県仙台市青葉区	浄土宗鎮西派	曼荼羅	1	一六四・〇×一二三・〇	髪繡当麻曼荼羅に空念の制作銘あり。	曼荼羅縫付の制作銘
69	△	元禄四、五年頃か	（記載なし）	当麻寺	奈良県葛城市当麻	高野山真言宗浄土宗	曼荼羅	1	――	現存せず。秋田市光明寺蔵「過去帳」に記載あり。過去帳によれば、髪繡当麻曼荼羅は後に光明寺に安置されたが、明和四年（一七六七）六月四日に焼失したとある。	秋田市光明寺蔵「過去帳」

【図1】空念の足跡地図

青森：一幅
☆摂取院（南津軽郡）1691年
秋田：一幅
★光明寺（秋田市）1690年
宮城：一幅
☆昌繁寺（仙台市）1692年
東京：二幅
西蓮寺・廃寺（品川区）1675年
光感寺（台東区）1689年
神奈川：二幅
延命寺（綾瀬市）1674年
大悲寺（所在不明）1676年
不明：四七幅
該当寺院不明「小幅二十幅所々エ結縁」1682年
該当寺院不明「小幅二十七幅所々エ寄進」1683年

注１　『摂取院之記』等の諸資料をもとに、空念が制作した繍仏が安置された寺院および制作年を示した。よって、現存が確認できないものも含んでいる。
注２　☆印は空念による髪繍の現存が確認できた寺院を示す。★印は髪繍は現存しないが、過去帳や住職の記憶などにより、存在していたことが判明した寺院を示す。
注３　西蓮寺については、埼玉県八潮市の寺院である可能性も考えられるが、現段階では東京都品川区の寺院（廃寺）として、地図に挙げる。

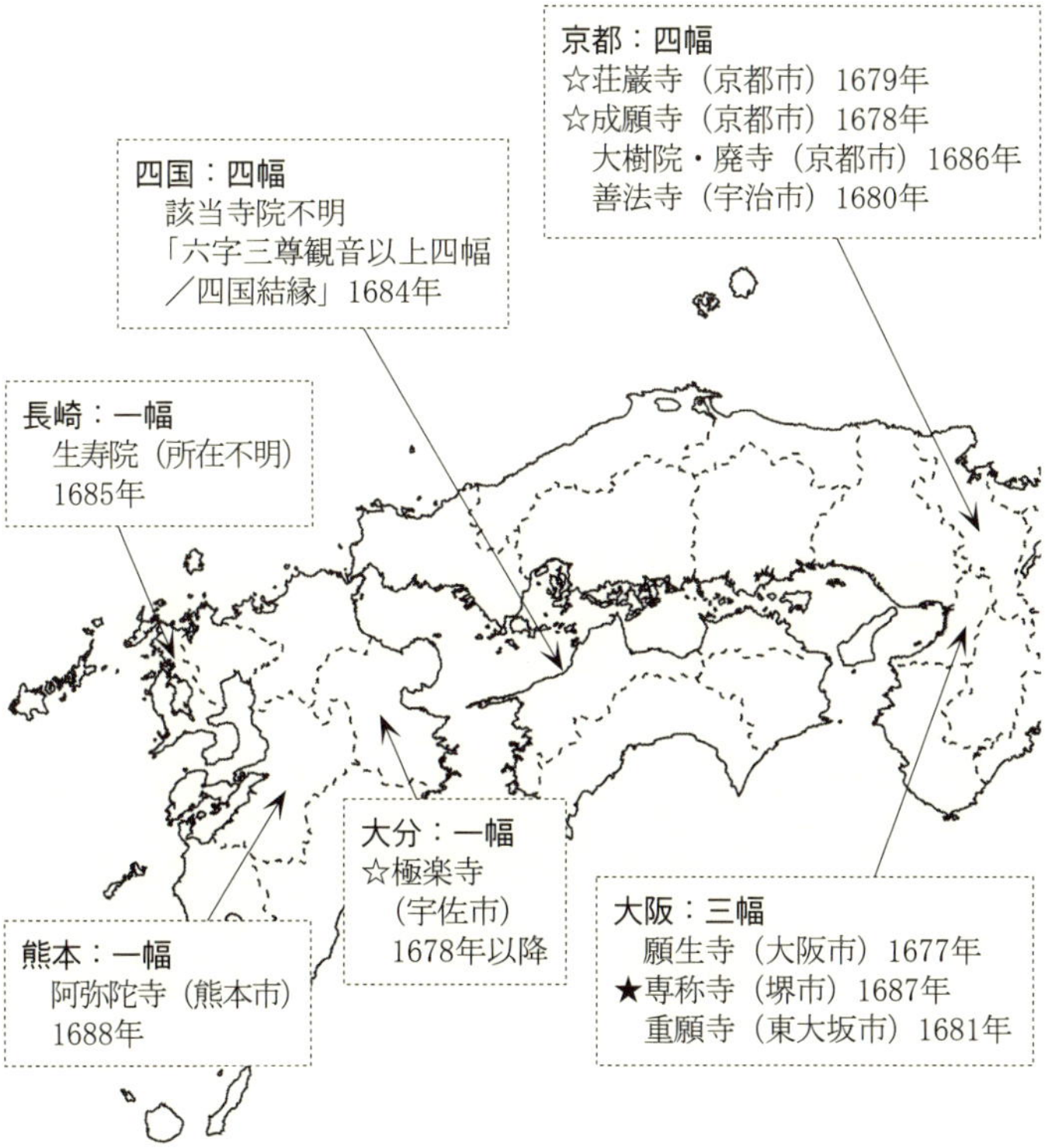

空念の涅槃図

『摂取院之記』に残された記録を手がかりに、新たな空念の髪繍を探すことが、次の課題になりました。どのようなものも同じだと思いますが、価値が十分認められていない場合、その存在が記憶されずに忘れ去られてしまうことは、よくあることです。存在価値が十分に認められてこなかった空念の髪繍の現存を確認することは、想像していた以上に難航しました。繰り返し、諸寺へ確認を依頼するなかで、ようやく、数多く存在したはずの空念の髪繍のうち、京都市の成願寺と荘厳寺に一幅ずつ残された髪繍を確認することができました。

成願寺は、一条通の大将軍八神社の向かいにある浄土宗鎮西派の寺院です。創建は、天正八年（一五八〇）に真蓮社実誉上人によると伝えられます。天明の大火で焼失し、寛政年間（一七八九～一八〇一）に再建されました。

現在、成願寺に所蔵されている涅槃図は、『摂取院之記』にある、延宝六年（一六七八）に空念によって制作された涅槃図一幅にあたります。全体図は、巻頭写真④に挙げましたが、大きさは、一七〇・六×八四・二㎝で、縦と横の寸法の比率が二対一以上の細長い形式の涅槃図です。また、下部に制作銘が縫いあげられており、延宝六年に空念のもとで制作されたことが確認できます。

【写真23】成願寺

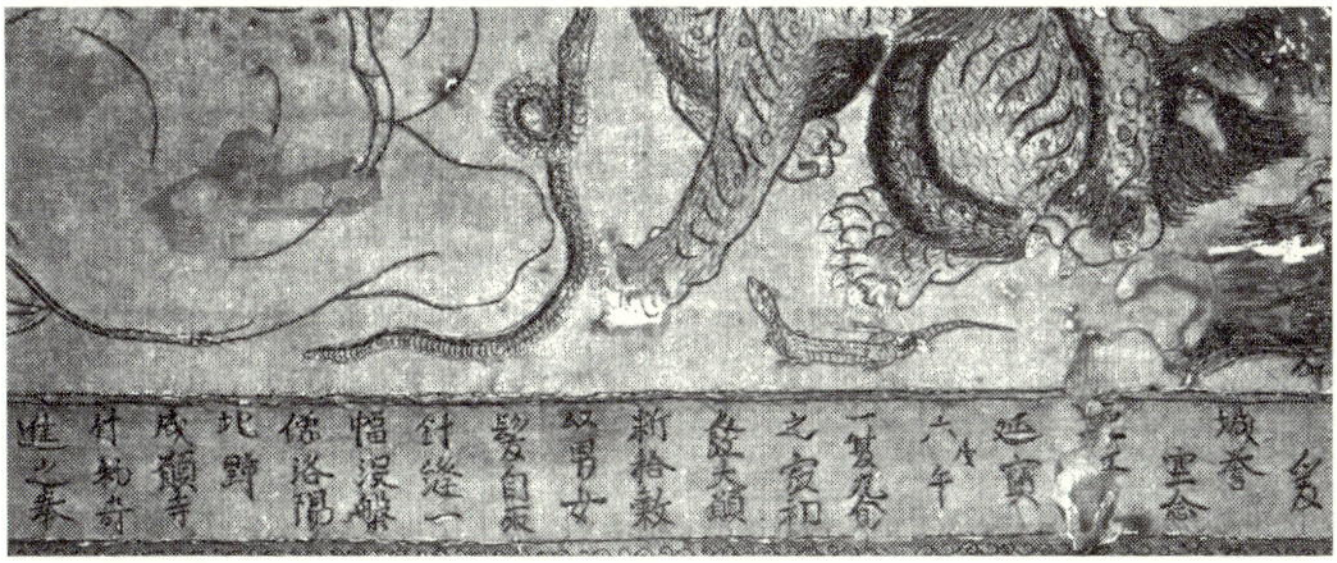

【写真24】成願寺本の制作銘の一部

□来元□屈滅不□而顕於生。不滅而□□□。誰□(不カ)□(驚カ)。何不信。爰城誉空念□□延宝六戌午一萋九求□之最和発大願。粁拾穀以男女髪自取針縫一幅涅槃像。洛陽北野成願寺什物寄進之奉祈同鐙仏果者也。当住心誉。

（□は破損部）

位牌を確認させてもらうと

五世　見蓮社面誉檀益和尚　寛文十二(一六七二)壬子九月十二日
六世　専蓮社心誉円察和尚　貞享三(一六八六)壬申十二月二十九日
七世　念蓮社声誉伝卓和尚　元禄十五(一七〇二)壬子十月三日

とあることから、空念は、第六世円察の時に涅槃図を奉納したと推察されます。当時の寺史の詳細はわかっていませんが、先に挙げた『摂取院之記』の記録の最後に

故ニ延宝六午年、忝モ大(ママ)上法皇後水尾帝法名円浄被召寄涅槃・曼荼羅、被遊御叡覧。一箇宝物ヲ頂戴シ、京都北野成願寺什物奉寄附者也。皆是内施功徳現応誰是不信仰哉。一等平均即心即

仏。

山州伏見大樹院　法師　空念

仏。

とあって、延宝六年（一六七八）の出来事として、涅槃図と曼荼羅を御覧になられた後水尾天皇（一五九六～一六八〇）から宝物を賜り、成願寺に什物として寄附したとあるのは興味深い点です。

この記録にある涅槃図は、現在、成願寺に所蔵される涅槃図を指すと考えられます。しかし、曼荼羅については、【表3】に示したように、現時点で延宝六年以前制作と考えられる曼荼羅として、武州陸奥郡西蓮寺と大分県宇佐市極楽寺（当時は宇佐八幡宮蔵）があるため、特定することはできません。

成願寺に伝えられたと考えられる後水尾天皇所縁の宝物については、今のところ確認されていません。しかし、延宝六年に空念の髪繍が後水尾法皇の叡覧に供されたことは、極楽寺所蔵の髪繍当麻曼荼羅に縫いあげられた銘文にも「故延宝午天太上法皇御叡見上正応内施徳現八万四千輩即心即仏」とあり注目できます。

後水尾天皇の深い信仰心はよく知られていますが、特に、皇女大通文智尼（一六一九～一六九七）は、その強い影響を受け、父である天皇の師から菩薩戒を受けたことで知られています。信仰心に端を発した文智尼の仏教的実践の遺物には、身体の一部を用いた繍仏や写経が数多く

【写真25】円照寺門跡蔵「爪名号」

残されています。父の崩御後、その姿を彫像し、天皇の毛髪を用いて眉や鬚の部分に植毛した作例（円照寺門跡蔵「後水尾法皇像」）や、天皇の爪を用いて名号を形作り板に貼り付けたという他に例を見ない作例（円照寺門跡蔵「爪名号」）なども現存しています。こうした父の追善供養を目的として生みだされた遺物は、文智尼にとって父の存在が如何に大きなものであったかをうかがわせると同時に、後水尾天皇と仏菩薩を結びつけることによって、天皇の信仰心の深さをも物語っていると考えられます。喜捨された民衆の毛髪で繍仏を縫いあげるという空念の活動は、後水尾天皇の関心を強く惹きつけるものだったのではないでしょうか。

涅槃図を鑑賞する

【表3】に示しましたように、空念は繰り返し民衆の毛髪を集めて涅槃図を制作し、諸寺に奉納していたようです。しかし、現存が確認できる例は成願寺所蔵の涅槃図のみです。また、輪郭線はもとより全て毛髪で縫いあげられた涅槃図の存在自体、殆ど確認されていません。成願寺所蔵の涅槃図は極めて貴重な作例と言えるでしょう。一部に虫損が見られるものの、状態もよく、全体像が十分に確認できる点でも優品と認められます。先にお話しした三幅の髪繍当麻曼荼羅と同様、毛髪は黒髪のみならず、要所に白髪も用いられています。例えば、巻頭写真

⑤に挙げましたように、釈迦入滅の悲しみのあまり、沙羅双樹の樹の色が白鶴の如く白く変じたとの伝（『大涅槃経後分』巻上・応尽還源品）に基づき、四双八本の沙羅双樹のうち、二双四本を白髪で縫いあげている点などは、細やかな工夫として注目できるでしょう。

また、制作過程についても、髪繍当麻曼荼羅と同様、下絵を描き、一針一針縫いあげられたものであることがわかります（巻頭写真⑥）。大変細やかな刺繍が施されていますが、複雑な刺繍法を多用したものではなく、平絹の地に一、二本の毛髪を糸のようにとって、纏い繍で縫っています。阿弥陀の螺髪は、一つ一つ渦巻状に渦高く縫われており、立体的に見える工夫がなされています。中央に描かれた釈迦の周りには、寝台を囲むように多くの会衆が集い、悲しんでいます。また、向かって右上には、阿那律尊者に先導されて飛来する摩耶夫人らの姿（立像）が見え、二月十五日の満月は上方中央に配置されています。

涅槃図の構図には、大まかに分けて新旧二つの形式があるとされています。第一形式と称される古い形式は、応徳三年（一〇八六）制作の和歌山県金剛峯寺本を始めとする平安後期の作品及びこの系統に属する鎌倉時代の作品（和歌山県浄教寺蔵「涅槃図」や滋賀県石山寺蔵「涅槃図」など、いずれも鎌倉時代前期）に見られる形式で、第二形式と称される涅槃図は、鎌倉時代になってあらわれた形式（京都府知恩寺蔵「涅槃図」や愛知県甚目寺蔵「涅槃図」など、いずれも鎌倉時代後期）と考

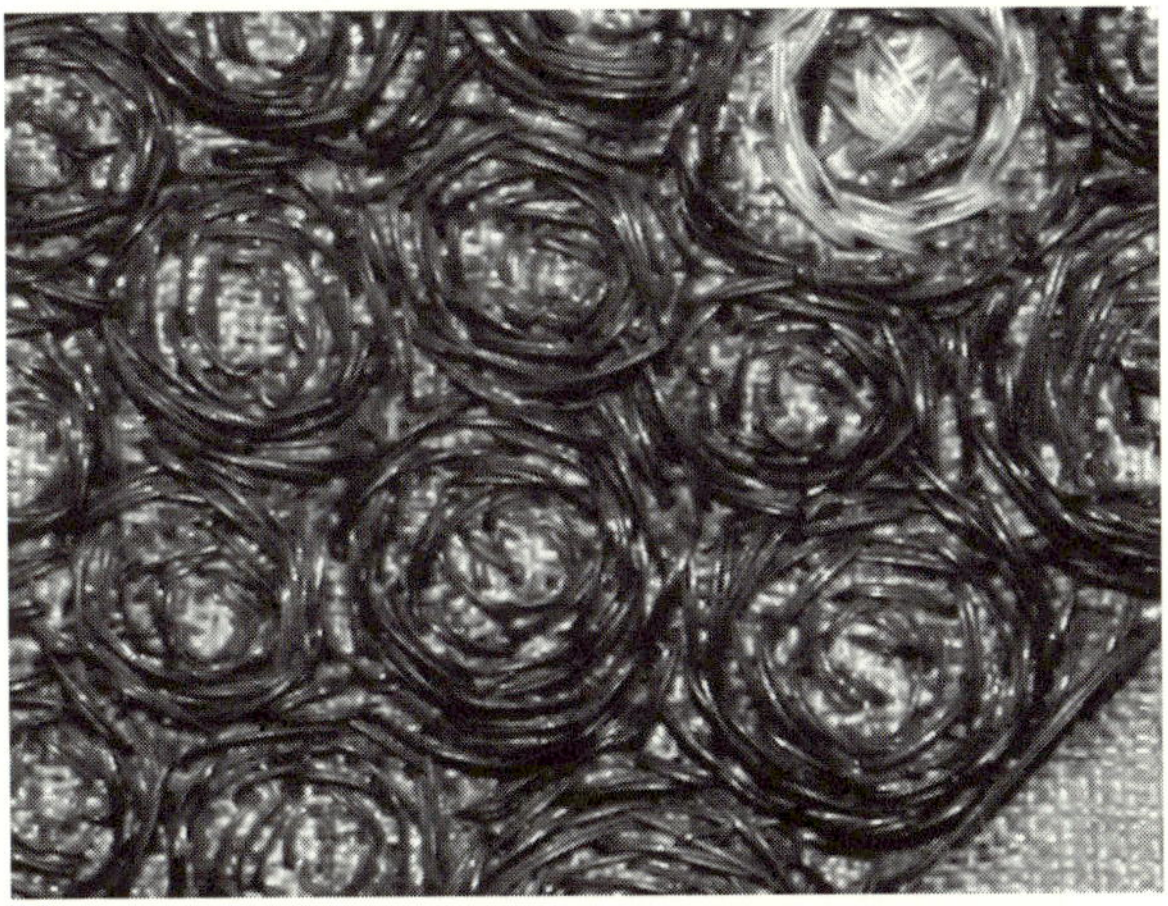

【写真26】釈迦の螺髪の一部

【写真27】先導する阿那律尊者

えられています。前者の構図の特徴としては、釈迦が両手を体側につけている場合が多く、体を真っ直ぐ伸ばして寝台上に仰臥または横臥した姿を画面の中央に大きく描き、沙羅双樹の高さも低く、画面下方に描かれる動物も少ない傾向にあります。一方、後者の構図は、釈迦が右手枕し、右脇を下にして横たわり、両膝をまげて、両足を重ねる場合が多く、釈迦の姿が比較的小さく描かれ、周囲の会衆の数が多く描かれるという特徴があります。

成願寺に所蔵される空念の涅槃図の形式ですが、釈迦の右腕の状態がはっきりしません。一見すると、釈迦が右手枕をしているようにも見え、江戸時代に制作された多くの涅槃図同様、第二形式に属する構図かと思われますが、細かく確認していくと、釈迦の右脇には二本の皺が縫い込まれており（写真28）、第一形式同様、横臥の釈迦が右腕を下げた状態であることに気づかされます。第一形式の場合、通常、釈迦は蓮台を枕にしていることが多いのですが、成願寺のものは、布を巻いたような状態のものを枕にしています。枕となっている布状のものが腕に重なっているため、右腕、右手が見えていません。また、釈迦の膝の状態については、足の向きがそろった状態で前方を向いており、膝を若干曲げた状態であると考えられます。

釈迦が横臥し、寝台の向かって左側を見せる構図や、釈迦が膝を曲げた状態である点、釈迦の足元に手でふれる毘舎離城の老女が描かれている点、釈迦の周りに会衆が多く描かれている

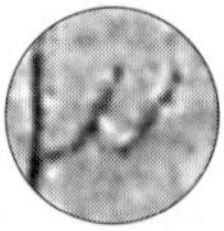

【写真28】成願寺蔵「髪繍涅槃図」
（左は○で囲んだ部分を拡大したもの）

点など、成願寺の涅槃図は、第二形式に見られる特徴を多く持っています。しかし、釈迦の腕の位置については、両手ともに体の側面に重ねた状態（第一形式の特徴）となっていて、全体としては、第一・第二の混合形式となっているようです。混合形式の涅槃図は、成願寺の涅槃図に限った特徴というわけではありませんが、この構図がどの涅槃図に近いものであるかは、今後の研究を俟ちたいと思います。また、動物画については象、獅子、馬、兎、亀、猿、蛇、烏、蟹、百足など四十種ほどを縫いこんでおり、毛髪で縫われていることを忘れてしまうほどの細やかな表現がなされています。

切り取られた来迎図

成願寺と同じく京都市にある荘巌寺にも空念の髪繍が確認できました。しかし、残念なことに、残された髪繍の仏画は完全な状態ではなく、周辺部が切り取られ小さくなった阿弥陀三尊来迎図でした（巻頭写真⑦）。それでも、数少ない空念による髪繍が現存する事例として、荘巌寺の髪繍も大変貴重なものです。

荘巌寺は、六条河原町にある時宗寺院です。応永十二年《（一四〇五）》に遊行第十一代僧義縁（文安四年《（一四四七）》八月二十一日遷化）が高辻堀川の東（現下京区西高辻町）に開基した寺と伝えられており、『京都坊

【写真29】荘厳寺

目誌』『山城名勝志』（巻五）『山城名跡巡行志』などの記述からは高辻道場と称されていたことがうかがえます。また、『康富記』文安五年（一四四八）一月二十七日条にも「高辻堀川荘厳寺与油小路間北頬也」と寺名が確認できます。

第二世から十七世住職については記録が確認できず、詳細は不明ですが、十八世圭堂（明暦元年（一六五五）就任）以降の住職については、過去帳が残されています（二十六・二十八世については記録不明）。河野正雄師が記された『増補第二版　時宗荘厳寺』（荘厳寺、一九六九）に拠りながら寺史を確認しますと、応仁元年（一四六七）五月に兵火に罹り、文明年間（一四六九～一四八七）に再建されますが、天正十九年（一五九一）に豊臣氏の命により、現在地に移転したとあります。その後は衰退し、寺は無住のような状況となっていたようですが、明暦元年（一六五五）に遊行三十九代上人が当寺に遊行した際に、圭堂が第十八世住職を拝命され、中興に尽力したと伝えられています。『摂取院之記』によれば、荘厳寺に髪繍が奉納されたのは延宝七年（一六七九）ですから、寺が伝える寺史に拠るならば、空念が寺を訪れたのは、圭堂が住職だった時ということになります。

空念が髪繍を奉納するのは、各寺が再興されて間もない時期であることが多く、荘厳寺の例も注目できます。例えば、元禄四年（一六九一）に、摂取院に髪繍当麻曼荼羅が奉納されていますが、時の住職は中興開山蓮池でした。また、昌繁寺に髪繍当麻曼荼羅を奉納した時も、中興開山良願の時でした。また残念ながら、焼失により現存しませんが、後述する、秋田市光明寺に所蔵されていた涅槃図も、中興開山恢朝の時に奉納されたものであることが、光明寺所蔵の過去帳の記述から明らかです。

このように、奉納された寺院の歴史と髪繡の制作年代が明らかな場合を確認していくと、空念が各寺を訪れて民衆の毛髪を集めて念仏説法を行い、髪繡を奉納した時期は、いずれも各寺院の再興の時期と重なっているのです。現段階の調べから推察するに、空念は浄土宗鎮西派の寺院を中心に、とりわけ再興して間もない寺院（堂）で活動を展開していたと考えられます。これが中央本山と何らかの結びつきを持つ活動であったか否かについては、今後検討していかなければなりません。

なお、『摂取院之記』に「一、京都五条荘厳寺二十五菩薩　同（壱幅）仝（延宝）七未年」とあることから、荘厳寺の髪繡は、もとは二十五菩薩来迎図であったと考えられます。荘厳寺の御住職河野覚雄師によれば、数年前に髪繡が発見され修復された際、破損がひどく、周辺部が切り取られたとのことでした。そのため、現在は阿弥陀三尊来迎図（現存部の大きさ六五・〇×二二・〇㎝）となっています。空念制作の髪繡には、制作年や制作経緯が縫いこまれている場合が殆どであり、来迎図の切り取られた周辺部にも、制作銘が縫いこまれていた可能性が極めて高いと推察されます。切り取られた部分は残されておらず、その内容が不明のままとなってしまったこと、また、全体像が把握できないため来迎図の構図の特徴が摑みにくくなってしまった点が悔やまれます。このような出来事は、調査を一刻でも早く進めていかなければならないことを痛感する出来事でもありました。

謎に包まれた最期

『摂取院之記』によれば、空念は元禄三年（一六九〇）に、秋田県秋田市光明寺に涅槃図一幅を奉納しています。光明寺所蔵の過去帳には当時の記録が残されており、空念に関する記述が確認できます。二十七世の住職であった恢朝在住時の出来事を記した過去帳の一部を確認してみましょう。

△廾七代　○髪毛縫涅槃像曼陀羅二幅納（左に後筆書入「此両幅明和四亥六月四日夜寺類焼砌焼失」）。是山城国伏見大樹院法師木食空念城誉云和尚、於江戸以髪毛縫仏像。時予弟子恢晗、元禄三庚午年五月廾四日空念引卒来。予訴公聞。同六月初四筆振下絹、仝八日髪針上絵、同十月朔日成就。夫仝初二日八日、空念手自表具並金箔迄被致、同月十日十二日、二夜三日念仏説法予相勤一宗尊体供養、同十月十二日二百五十三日歴納像予卅八歳時也。

この記録によれば、光明寺には、空念によって縫いあげられた髪繍の涅槃図と曼荼羅の二幅が所蔵されていたようです。また、空念は「木食空念城誉」と称され、光明寺に参籠する以前は、江戸で髪繍の仏画を縫いあげていたとあります。その空念を、元禄三年(一六九〇)に恢朝の弟子恢晗が光明寺に連れてきたのでした。

先に挙げた【表3】で空念の足跡を確認すると、空念は元禄二年(一六八九)に「江戸浅草光感寺」に曼荼羅一幅を奉納しています。江戸で毛髪を集めて縫っている僧侶の風聞を耳にした恢晗が空念に出会い、その業に感銘を受け、光明寺に連れてくるという経緯があったのかもしれません。空念は、四か月かけて涅槃図を完成させ、表具から金箔に至るまで表装も自分の手で完成させたとあります。その後、三日間に亘る念仏説法、供養がなされ、涅槃図が奉納されたようです。

過去帳は、空念のその後についても次のように記しています。

○同髪毛縫曼陀羅、翌年空念法師江戸一生縫納、大和国当麻自納縫、後銭湯行、湯上目舞心地往生。跡恢晗予兼日望知求此像当寺下向。故此表具代路金等渡納当寺。是予一生大学也。故右両服奉納生涯満悦不過之。願者当来尚無火災。△扨縫時寺廾五世法誉建。右寺是元禄四辛未九月八日晩三町目天秤屋火事焼失。予卅九才秋也。同冬中五間十四間庫裡立。

涅槃図を縫いあげた翌年、元禄四年《（一六九一）》、空念は江戸で一生の縫い納めをしようと決意し、曼荼羅を縫いあげ当麻寺へ奉納したとあります。また、ここに記された空念の最期は実に悲しいもので、奉納した後、銭湯の湯上りで目舞を興して往生してしまったというのです。

しかし、この最期の記述は、風聞に近い面もあり、空念の没年にはまだ問題が残されています。というのは、【表3】にありますように、昌繁寺には、元禄五年《（一六九二）》の制作銘が縫い込まれた空念制作の曼荼羅が所蔵されており、過去帳が伝える空念の没年（元禄四年）と合わないのです。この点は、今後も検討しなければならない点で、空念の最期は未だ謎に包まれています。

光明寺に二幅あったとされるうちの一幅は、当麻寺へ奉納されていたものを、恢晗が当麻寺から買い取ったものでした。時の住職であった恢朝は寺宝として、空念の涅槃図と曼荼羅の両幅を手に入れ満悦し、火災などが起こらないようにと願いましたが、過去帳の後筆の書入によると、明和四年《（一七六七）》六月四日夜の大火で涅槃像も曼荼羅も焼失してしまったようです。過去帳が現存することによって、空念の歩みを確認できたことは大変嬉しいことでしたが、二幅の髪繍を失ってしまったことは残念でなりません。

Ⅳ　語り継がれる空念　―明治時代の僧侶たち―

明治時代の髪繍

空念の活動が、民衆から大きな支持を得ていたことは『平山日記』に書かれていたように、空念のもとに「参詣の男女」が集い、「髪を抜かれながら」有難いと「銭を出、拝」んでいたという様子や、彼が「奇代の名人」と称されていたことからもうかがえます。

漂泊する僧侶の実態が把握されている例はさほど多くはありませんが、例えば、木食弾誓（一五五二〜一六一二）の場合は、江戸時代中期以降、弟子たちによって培われた念仏の同行集団が念仏講として再編成されていったことが知られています。信者には名号が施与され、さらに箱根の阿弥陀寺では念仏の普遍化を目指して念仏和讃（弾誓上人御和讃）が作成されました。

空念についても、江戸時代に同行集団のようなものが形成されていた可能性は十分に考えられるのですが、現時点では確認できていません。しかし、明治時代の僧侶に与えた影響は数例確認できます。先に述べた、極楽寺を再興した翻迷も、空念の髪繍当麻曼荼羅に感銘を受け、極楽寺を再興すべく曼荼羅を持って奔走した人物でした。翻迷も空念の活動に心を動かされた人物の一人に数えることができるでしょう。そして、このほかにも明治時代には、空念の影響を受けて民衆の毛髪を集め、その毛髪で仏画を完成させた僧侶がいました。

海浦義観と戦没者への祈り

海浦義観（一八八五〜一九二二）は、青森県西津軽郡深浦町にある円覚寺の住職でした。円覚寺は、現在真言宗醍醐寺派の寺院ですが、明治五年《一八七二》の廃宗までは、当山派修験宗の寺院でした。義観は、時代に翻弄されながらも、修験宗の再興に生涯をかけて尽力した人物として知られています。柳田國男も『海南小記』四「ひじりの家」のなかで、義観について次のように記しています。

> 曾て深浦沿革史《ママ》を世に公にした海浦さんと云ふ人は、名が義観だから或は僧侶だらうとは思つたが、あんな阿倍比羅夫の直系見たやうな、昔の儘の山伏だらうとは考へて居なかつた。自分までてもう五十一代、肉親の相続で此十一面観世音に御仕へ申すと謂つて居られた。一宗の事相は淵底を究めた篤信の聖である。日本の国風に此ほどよく適合した永い歴史の一宗派を、何で又取潰して只の真言寺に編入してしまつたのかと六尺もある大きな体を前にのし掛かつて、まるで私がさうしたかの如く、真正面から見詰められる。（後略）
>
> （『定本柳田國男集』一）

【写真30】円覚寺

修験宗再興を宿願に、経典の収集、勉学教育など宗教史に残る活動を精力的に実践した義観は、明治三十四年《一九〇一》六月、仏教信徒八万四千人の毛髪を集め、明治三十六年《一九〇三》十二月に一針一真言で「髪繍三十三観音」（三幅、一四〇・〇×八五・〇㎝）尊影を完成させています。そして、明治三十七年《一九〇四》には、六月一日から七月二十日の五十日間「薬師堂開帳および髪繍観音曼荼羅法楽」を行っています。

義観の髪繍による仏画制作は、その後も続き、同年九月からは、日露戦役両国殉難者のため、信徒八万四千人の毛髪を用い、一針一真言して「髪繍釈尊涅槃図」（一幅、一六七・〇×一三〇・〇㎝）を刺繍し、明治四十一年《一九〇八》八月に完成させました（涅槃図制作銘による）。

髪繍による仏画制作の発願について、義観は『神変』第四号（醍醐寺の機関誌）のなかで、

然るに浅学不才にて、自侭勝手に金巻を汚しける重罪のため種々の

災害あり、就いてはその懺悔業としてはたまた衆生結縁の為、信男信女の毛髪を集め三十三体の観音像を刺繍致したり。

と述べ、自身の懺悔と衆生結縁を目的として、「髪繍三十三観音」尊影の制作に取りかかったと記しています。また、「髪繍釈尊涅槃図」についても「日露戦役両国戦病死者供養菩提のため信男信女八萬四千人の毛髪を集め一針一真言を持って繍成」したと記しており、このことは、「髪繍釈尊涅槃図」に縫いあげられている賛の内容とも合致します。

【写真31】円覚寺蔵「髪繍三十三観音」三幅

【写真32】円覚寺蔵「髪繍釈尊涅槃図」

為日露戦役陸海軍戦死病没各精霊仏果菩提、蒐聚有信男女八萬四千人之首髪、以鍼一明謹刺繍釈尊涅槃像畢／明治四十有一年八月金剛峯日／東奥深浦円覚寺主／海浦義観

民衆の毛髪喜捨による繍仏造顕には、戦時中、武運長久を願って作られた千人針（合力祈願）に通じる思想がうかがえます。

民衆の毛髪収集に際しては、勧進文が作成されました。国立国会図書館蔵『髪繍観音影像施供頭髪勧進文』（明治三十四年六月、義観記）には次のようにあります。

…藕糸の仏像を織出するは、我邦は当麻の曼荼羅を始とし、頭髪の仏像を繍出すことは、我邦延宝年間空念法師なる者、宇佐八幡宮の霊夢神託を感見して、八万四千人の頭髪を以て、九品浄土の相貌を繍出せり。其功徳は仏説造像功徳経に説けるが如しといふべし。不肖義観は非才浅学にして破戒無慚なりと雖も、會て此芳躅を慕ひ、八万四千人の頭髪を求めて観音影像三十三体を繍出さんことを宿願せり。抑世尊は不浄集と説き給ふところの外相、拾二物の一なる頭髪を以て清浄端厳なる聖像を繍出せることは、凡聖不二、浄穢一致

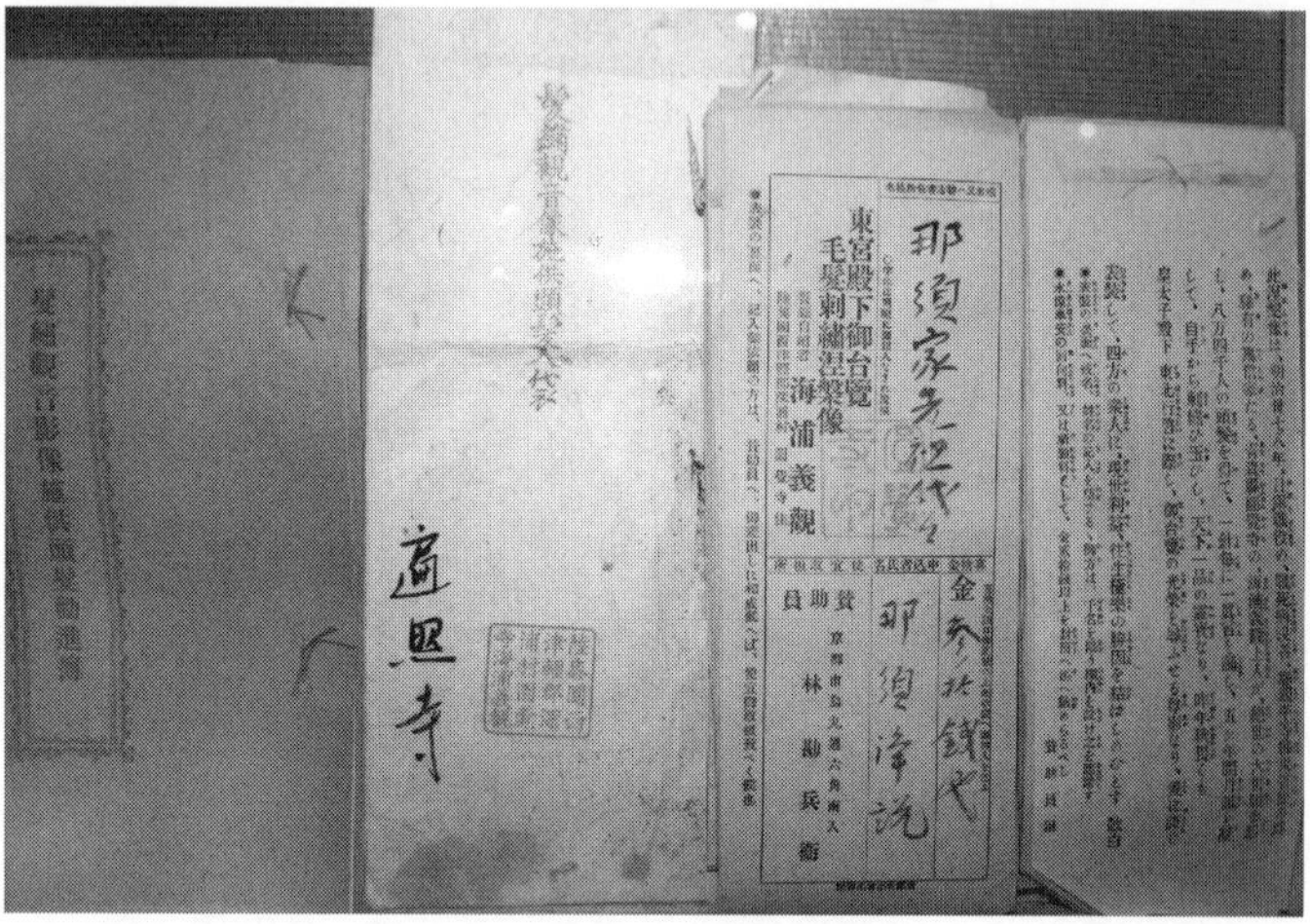

【写真33】円覚寺蔵「髪繍観音像施供頭髪入袋」など

の極意を顕す。八万四千の煩悩色身を改めすして、即八万四千の法体となることを表するなり。実に是諸仏内証の心源にして、四種曼荼（「羅」欠）即心即仏の妙旨に達し、自他共に大覚涅槃妙極の境に到る義なるをや。冀はくは、有信の善男善女、不肖義観の微志を憫み、頭髪一毛及び、繍出資料金五厘を喜捨施与せられんことを懇請す。不肖願ふところは、此繍出供養の功徳を以て、皇図無疆にして、日月清明に、国豊民楽に、上和下順ならんことを。加之施与諸君現世には、身心安祥、年寿悠久にして、当来は安養都史、優遊娯楽の妙果を証せんことを。伏して乞ふ有信の諸君、余が宿願微志を省察して、速に所願を満足せしめ給はんことを。　敬白

右の傍線部にあるように、義観の髪繍による仏画制作の背景には、空念の活動が少なからず影響を与えていたことがうかがえます。義観がどのようにして空念の活動を知ったかはよくわかっていません。全て民衆から喜捨された毛髪によって縫いあげられた髪繍の仏画は、明治時代でも珍しく、毛髪収集の方法（毛髪と繍出資料金五厘を求めている点など。＊明治三十四年（一九〇一）には、通常葉書一枚、一銭五厘）も空念の活動とよく似ています。毛髪を喜捨したのは「信男信女」であり、円覚寺に所蔵されている『髪繍観音影像喜捨頭髪姓名簿』には、北海道から長崎、更に

は韓国京城の信徒に至るまで、各地の男女の毛髪が喜捨されたことが確認できます。

清水賢善と増上寺の髪繍当麻曼荼羅

清水賢善は、箱根の塔之峰の南面中腹に建つ阿弥陀寺住職でした。現住職水野賢世師の先々代にあたり、水野賢世師に拠れば、人気の布教師として、説経をして全国を歩いた僧侶であったといいます。

阿弥陀寺は、木食弾誓の寺として知られ、後に、芝増上寺の捨世寺（念仏道場）となりました。明治時代に制作された髪繍の作例として、先にお話しした義観による四幅のほか、増上寺が所蔵する「髪繍当麻曼荼羅」（一六六・〇×一七三・〇㎝）も注目すべき作例です。しかし、この曼荼羅は大部分を毛髪で縫いあげているものの、縁起文や縁起文の下にある制作銘などは墨書されており、ほかにも彩色のみが施されている箇所があるなど、全て髪繍によって縫いあげられたものではありません。清水賢善は、現在、増上寺に所蔵されている髪繍当麻曼荼羅の制作者です。賢善に関する資料は殆ど残されておらず、阿弥陀寺にある位牌には、次のようにあります（埼玉県川越市の蓮馨寺にも賢善の位牌が安置されている）。

【写真34】阿弥陀寺

（表）精蓮社進誉順阿聖教賢善和尚
（裏）慶応三年（一八六七）三河国生。明治八年（一八七五）得度。二十五年（一八九二）東京駒込大運寺住。二十九年（一八九六）箱根阿弥陀寺住。三十七年（一九〇四）髪繍曼荼羅ヲ元祖七百年紀念ニ製。三十八年（一九〇五）川越蓮馨寺住。其寺本堂再建。大正三年（一九一四）一月五日同寺ニ遷化四十三世。阿弥陀寺三十六世弟子賢海記

増上寺所蔵「髪繍当麻曼荼羅」の制作銘（墨書）には次のようにあります。

髪繍曼荼羅者請得八万四千人頭髪一縷以而刺繍者也。嘗発三願。一、為令納髪之善男女往生西方浄土也。二、為令拝瞻之徒発厭穢欣浄心也。三、為令結縁之衆知修因感果不虚、啓発本有浛性之妙理也。願籍斯善、欲供於宗祖円光大師七百年遠忌報恩謝徳。自起工齋沐従事閲月三十有七閲年首尾四、無魔障円満成就矣。偏是不依仏陀冥助之力、奚能至。此更冀以此功徳、天下和順、日月清明、風雨以時、災厲不起、国豊民安、兵才無用、崇徳興仁、務修礼譲、同発菩提心、往生安楽国。伏乞、西方願王阿弥陀仏、大悲観世音菩薩、大智勢至菩薩、極楽界会諸賢聖衆、証明知見、哀愍護念。于時明治三十七年（一九〇四）一月二十五日沙門賢善敬白。左右銘文大勲位九条公爵筆。九品段銘文大勲位伊藤侯爵筆。九品標榜知恩院跡山

【写真35】増上寺蔵「髪繍当麻曼荼羅」

下大僧正筆。縁起文増上寺堀尾大僧正筆。

増上寺所蔵の髪繍当麻曼荼羅については、現時点で、空念の髪繍との直接的な影響関係は認められません。しかし、空念が浄土宗鎮西派の僧侶であった点や、明治時代、極楽寺を再興した翻迷のように、空念の髪繍当麻曼荼羅を持って奔走した僧侶がいたこと、義観のように、空念の影響を少なからず受け、自ら針を取って髪繍を用いて仏画を制作した僧侶がいたことを考えると、明治時代、空念の活動を知る人は、かなり広範囲に存在していたと推察されます。よって、賢善の曼荼羅制作についても、空念の活動が何らかの影響を与えた可能性は十分に考えられ、注意していく必要があります。

【写真36】増上寺蔵
『髪繍曼陀羅蓮名録』十冊

増上寺には『髪繍曼陀羅蓮名録』（十冊）という、毛髪を喜捨した人の名簿が所蔵されています。奥書には、

大僧都清水賢善老師ハ、貴賤男女数万人ノ毛髪ヲ以テ当麻曼荼羅壱幀刺繍ノ大願ヲ発シ、

茲ニ明治参拾参年《(一九〇〇)》一月ヲ以テ業ヲ刱メ、仝参拾七年《(一九〇四)》壱月成功セラル。不肖宣祐老師ノ偉業ヲ感銘シ、毛髪寄贈ノ人名ヲ、参拾七年弐月ヨリ四拾壱年《(一九〇八)》四月迄ニ筆記シ了ヌ。願クハ、此勲功ヲ以テ、毛髪寄贈ノ善男女、及ヒ法界ノ諸群生、斎ク苦界ヲ脱シ、同ク浄刹ニ臻ランコトヲ　謹白。／明治四拾壱年《(一九〇八)》春四月観喜日／大本山増上寺内後寮下／塚本宣祐（陽刻印「増上寺之蔵書」）

とあって、賢善の活動もまた大々的なものであったことがうかがえます。

V　祈りのかたち

亡者供養と髪繍

日本では、鎌倉時代以降、特に亡者の追善供養として、亡者やその近親者の毛髪を縫い込んだ阿弥陀三尊図や種字曼荼羅、六字名号などが数多く制作されたことが知られています。しかし、江戸時代以前の作例で、空念が制作した曼荼羅などのように、髪繍のみを用いた繍仏の存在は今のところ確認できていません。鎌倉時代の作例とされる奈良県五条市の金剛寺が所蔵する「髪繍聖衆来迎図」（奈良国立博物館寄託）は、螺髪や輪郭線など、大部分に髪繍を用いた作例として貴重であり、注目すべき繍仏ではありますが、彩色を施し、墨線のみで表現している箇所もあり、空念の作例のように全て髪繍で制作された作品ではありません。

空念の髪繍は、複雑な技法を多用した繍仏とは言えないものの、全体を髪繍のみで表現し、要所に白髪を用いて黒白で一枚の絵像を作りあげている細やかさなど驚くべきものです。果たして、空念はどこでこのような技術を身につけたのでしょうか。この問題についても、今後の資料の発見を俟って検討しなければなりません。

現時点で、空念に同行していた人物（縫師など）がいたという記述は確認できませんが、空念が縫師のような特殊な技能者を伴っていた可能性も否定はできません。ただ、これまで確認

【写真37】金剛寺蔵「髪繍聖衆来迎図」

してきた三幅の当麻曼荼羅、そして、涅槃図、来迎図などを確認する限り、それらの髪繡は専門の縫師の手になる繡仏と比べると、やや素朴な印象を受けます。また、数か所に細やかな髪繡で縫いあげることの難しさを感じさせる部分も見受けられます。例えば、髪繡当麻曼荼羅では、外陣の序文義や定善義の絵像の左右にある経文が収まりきらず、下方で割書になっている箇所などが確認できます。

空念の髪繡の具体的な制作状況とそれに伴う勧進活動の実態については、空念一人で全て遂行されていたのか否か、今後も慎重に検討していかなくてはなりませんが、今のところ、空念以外の人物の関与をうかがわせる資料は確認されていません。よって、現段階では、これらの髪繡は空念の手によって制作されたものと考えておきたいと思います。

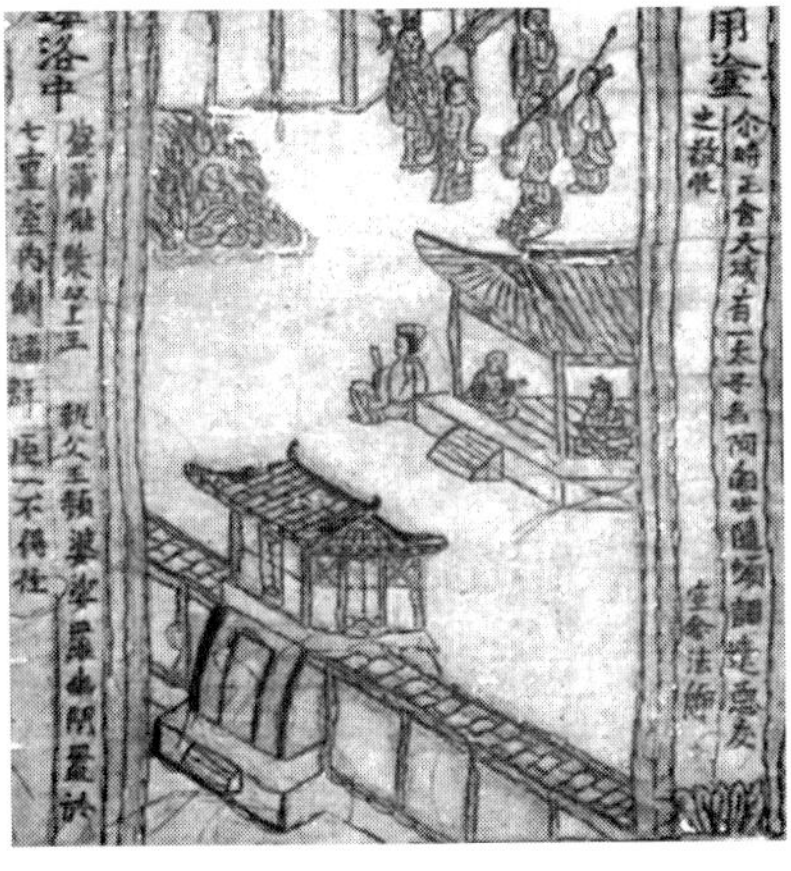

【写真38】割書になっている部分

さて、曲線を自在に表現できる絵画に比べて、刺繡は表現が固くなりがちで手間もかかります。にもかかわらず、空念が敢えて刺繡（とりわけ髪繍）という技法を用いたのは、なぜだったのでしょうか。空念が民衆の毛髪を集めて髪繍で繰り返し縫いあげた意味について少し考えてみたいと思います。

周知の通り、繍仏という技法自体は、古代インドで興り、中国・朝鮮を経て、仏教伝来時に日本にもたらされました。時代とともに繍仏が様々な様相を見せながら作られ続けてきたことは、これまで数多くの研究者によって詳しく論じられてきたところです。

平安時代の繍仏と認定される例が現在一点も確認されていないのに対し、鎌倉時代以降、繍仏は文献にも数多く確認できるようになります。このことは、先にも少し述べましたように、鎌倉時代の作例とされる繍仏が多数現存することに符合していると言えましょう。阿弥陀三尊来迎図や種字三尊曼荼羅、六字名号など、一部に毛髪を用いた比較的小さな繍仏が、主に個人の礼拝対象として（亡者の追善供養を目的として）制作されることが多くなったためと考えられています。

伊藤信二氏（『日本の美術　繍仏』四七〇号）によって、中世以降の髪繍に関する記録の早い例として『玉葉』文治四年（一一八八）五月二十九日条の記事が指摘されています。そこには、女房三位局が小善を修するなかで、亡者の遺髪で阿弥陀の種字を縫ったとの記述が見え、髪繍という所作が、亡者供養を目的として行われていたことが確認できます。

このほかにも、『吾妻鏡』平治二年（一二〇〇）一月十三日条には、頼朝の一周忌に仏事を修した際、北条政子の除髪で「阿字一鋪」が縫いあげられたとあることや、『沙石集』に、藤原為家（一一九八—一二七五）が愛娘に先立たれ、その遺髪で梵字を縫いあげたとあることなどが知られています。縫いあげられたというこの「梵字」の行方は不明ですが、供養願文には、為家の嘆きが詠みこまれており、髪繍に込めた想いの内が読みとれます。

また、『増鏡』には、徳治二年（一三〇七）、后である遊義門院を亡くした後宇多院が出家した翌年、故女院の遺髪で「梵字」を縫わせたとあり、このような院の懇ろな供養は、故女院御書の裏に一字三礼して書写した法華経を摂取院に供養することや、法花堂を建立し故女院の御骨を納めるという仏事と併せて行われており、当時の亡者供養の方法として注目できるでしょう。

この後も、天正本系の『太平記』（巻二）に、元弘二年（一三三二）六月、倒幕企図の咎で誅死せられた日野俊基の北の方が、その四十九日に落飾した自らの髪で「三尊一幅ノ来迎ノ像」を縫いあげたことが記されるなど、鎌倉期以降の亡者供養と髪繍の関係を示す資料は数多く確認できます。

亡者供養に際し、縫いあげられる髪繍の多くが「梵字」であるのは、無住が説くように、世間で為されている、亡者の髪で等の種字を縫うという所作に、「即身成仏」ともいうべき功徳があると理解されていたことによると考えられます。さらに、無住は、髪が昔のもの

であっても、種字を縫いあげ、梵字の髪に陀羅尼経の念仏を唱え薫じたならば、功徳の働きによって魂は得脱するとも説いています（『雑談集』巻十「梵字功徳事」）。宝治二年（一二四九）の文書と推定される「尼蓮仁置文案」（「伊勢光明寺文書」鎌倉遺文・補一四二四）の目録には「金色阿字一鋪御衣絹　以故尼御前御髪織之」とあり、亡者（故尼）の遺髪が織り込められた当時の具体例として注目できます。

また、梵字の髪繍ではありませんが、伊藤信二氏によれば、福井県立美術館所蔵「阿弥陀三尊来迎図」（十四世紀）の肌裏と本紙の間に毛髪が散り敷きこまれている例や、『僧東西願文』保延六年（一一四〇）八月二十八日条に、白髪を料紙に漉き交ぜた紺紙金字法華経一部八巻が書写された例があること、また、故人の遺品で造像写経した例として、「亡者の遺品で阿弥陀仏を鋳造」（『兵範記』）したことや「亡者の手跡を破して料紙と為す」「亡者の鏡に阿弥陀像を顕す」（『玉葉』）ことなどが記録に確認できることも成仏を祈願する亡者供養の例として紹介されています。

このような亡者供養の在り方が、お伽草子『清水冠者物語』（東大本・成簣堂文庫本）にも見える点は興味深いところです。父頼朝を恨んで思い死にを遂げた大姫が、冥界から下野での供養を依頼し、その願いによって宇都宮に道場が建てられ、阿弥陀三尊が安置されます。この時、上人を請じて菩提を弔ったことで、大姫は無事往生することができるのですが、その供養の場面に「御かみすぢ《髪》にてねんぶつ《念仏》をぬわせ、おこた《怠》らざりしゆへに、たちまちにぢやうぶつ《成仏》したまいけるとかや」（東大本）とあります。大姫の往生を願い、その遺髪で念仏を縫うという所作がなされているのです。物語は、この髪繍がなされたことにより、大姫が「たちまちにぢやうぶつ」したと説明しています。『雑談集』にある無住の指摘と重なる髪繍に対する理解が読みとれるのです。

　毛髪や歯などの身体の一部が、死者の霊魂を宿すものと信じられてきたことは、『法苑珠林』（巻四十舎利篇第三十七）に「舎利有其三種。一是骨舎利、其色白也。二是髪舎利、其色黒也。三是肉舎利、其色赤也」とあり、『阿娑縛抄』（第六八「舎利」）や『覚禅抄』（雑部「舎利」）などの図像伝書にも引用されています。また、正治二年（一二〇〇）～建仁三年（一二〇三）の成立とされる澄憲による安居院流唱導文献である仁和寺蔵『釋門秘鑰』に収められた釈文「人死後毛髪爪歯埋霊地事」にも、亡者供養の方法として、骨・髪舎利信仰の一端が垣間見えます。髪繍については記されていませんが、亡者の髪や骨を霊地に埋葬することや、光明真言土沙加持のように、死体に浄化された砂をかけて成仏を願うという修法の意義について記されています。特に、前者については、生きて霊地を踏む人やそこで亡くなった人に限らず、死後に毛髪や歯骨を埋納しても土地の霊験によって救済が実現することが強調されています。「死後髪爪事、可無勝利云疑候也」（死後の髪や爪にすぐれた利益など存在しないという考え方は検討すべきである）とあるように、機械論的身体観の萌芽ともいうべき視座は、このような教説を携えて人々のなかに分け入った宗教者たちによって見直されてきたようです。また、このような宗教者の教説によって、民衆の信仰心の一層の喚起・高揚が図られてきたことは言うまでもありません。

空念の活動に見られるような、民衆の身体喜捨（毛髪喜捨）による繍仏造顕の萌芽は、亡者供養の一つの方法として髪繍が多くなされた鎌倉時代の僧侶らの活動のなかにその沿源を認めることができるのです。

再来する中将姫

ただ、空念の活動の意義を、そのまま亡者供養に限定して結びつけてしまうことはできません。江戸時代の浄土宗（特に鎮西派）は、呪的儀礼や現世利益的な色彩を濃厚にしていったことが指摘されています。江戸時代の高僧伝などを見ると、繍仏が亡者の追善供養や臨終行儀を目的として制作、使用されるばかりでなく、現世利益的な祈願のために用いられることもあったということに気づかされるのです（堤邦彦氏『江戸の高僧伝説』）。

一例として、空念と近い年代に生き、東北地方で活躍した僧侶、貞伝（一六九〇—一七三一）の活動に注目してみましょう。『東域念仏利益伝』（『近世往生伝集成』三）には、貞伝に纏わる様々な利益譚が記されています。貞伝の名号を病者の首にかけると忽ち快癒したこと（一七二五年）、難産で瀕死の状態にあった女性のもとに貞伝の名号を置いて念仏を唱えたところ、忽ちその難を逃れたこと（一七二五年）、貞伝が樒の葉に書いた弥陀の法号を浄水で洗い落とし、病者がその符水を飲んだところ快癒したこと（一七二七年）など、現世利益的な内容が書き留められています。また、個人祈願に対する利益譚のみならず、貞伝の名号を船にかけて念仏を唱えたところ風波が穏やかになったこと（一七二三年）や、津軽地方にいなごの被害が多かった年に、貞伝が百万遍念仏会を挙行し、施与された札を田畑に立てたところ被害が収まったこと（一七二八年）など、共同祈願に対する利益譚も記されています。

当時、民衆に求められた僧侶が、いかに彼らの日常生活に根ざした存在であったかがうかがえます。類似した利益譚は『浄土名越派伝授抄』（『論集日本仏教史7江戸時代』所収、藤田定興氏論文参照）などにも記されており、空念の活動は、浄土宗のかような潮流に連なる早期の例として捉えられるでしょう。江戸時代の民衆の多くが求めたのは難解な教義や思想ではありませんでした。念仏往生を願う比重も、前時代ほどではなかったと考えられます。現世で平穏無事に生きることこそが民衆の強い願いでした。江戸時代の高僧伝や随筆等からは、そうした民衆の心の内が読みとれます。

空念の髪繍および関連資料には、「八万四千輩即心即仏」（極楽寺蔵「髪繍当麻曼荼羅」銘文）や「一等平均即心即仏」（摂取院蔵『摂取院之記』）といった、民衆の「即心即仏」を祈願する文言が見えます。つまり、空念は、念仏による功徳を説くのみならず、自らの毛髪を喜捨し、それを繍仏のなかに縫いこめることによって仏と一体になることを説き、民衆を教導していったのです。さらに、摂取院蔵「（縁起）」（一巻）には「此因縁によりて先立父母ハ浄土に往生し、残し子孫ハ寿命長生ならん」とあり、極楽往生と長寿といった、往生と現世利益の両面の利益が説かれています。

一方、このような空念の活動は、新たな曼荼羅の伝承を生み出す契機となりました。後に、空念は「中将姫観音菩薩再来」（摂取院蔵「（縁起）」）と称されていくことになるのです。「このまんたらを拝する輩ハ、当麻寺に参るもひとしかるへし」（摂取院蔵「（縁起）」）という文言に誘われ、多くの人々が参詣し、中将姫の奇蹟につづく、もうひとりの僧侶の奇蹟に耳を傾けたであろうことは容易に想像できます。おそらく、空念の曼荼羅を所蔵する各寺では、懸垂された曼荼羅を前に、繰り返し空念の偉業と曼荼羅を拝することの利益が説かれていたのでしょう。

摂取院所蔵の縁起には、自身の毛髪を喜捨し、その毛髪が曼荼羅のなかに縫いこめられることで、喜捨した人のみならず、その先祖と子孫までも御利益に与ることが約束されていたことがうかがえます。空念の曼荼羅は、喜捨した人の子々孫々にいたるまで尊崇されたに違いありません。

民衆の祈り

かつて、千田孝明氏（『栃木県立博物館研究紀要（人文）』二〇号、二〇〇三）は、江戸時代に制作された十九点の涅槃図の繡仏を紹介され、その特徴の一つとして多くの結縁者を募って名前や戒名を縫い込んでいる点に注目されました。そして、その背景として、江戸時代の地方寺院と庶民信仰の広がりと定着が考えられると指摘されました。千田氏も指摘されるように、江戸時代には涅槃図のみならず当麻曼荼羅についても、結縁者（往生人）の名前や戒名、姿が刺繡されたり、描かれたりすることは珍しくありませんでした。

例えば、山形県酒田市浄徳寺所蔵「当麻曼荼羅図」（写真16・39）には、曼荼羅の表装部の左右に色繡糸で縫い込められており、その数は四千七百六十人にのぼります。また、奈良県奈良市徳融寺所蔵「当麻曼荼羅図」（貞享元年（一六八四）制作）には、結縁者の姿が曼荼羅の下方の表装部に別

【写真39】山形県酒田市浄徳寺蔵「当麻曼荼羅図」表装部

【写真40a】奈良県奈良市徳融寺蔵「当麻曼荼羅図」

【写真40b】写真40a下部の拡大図

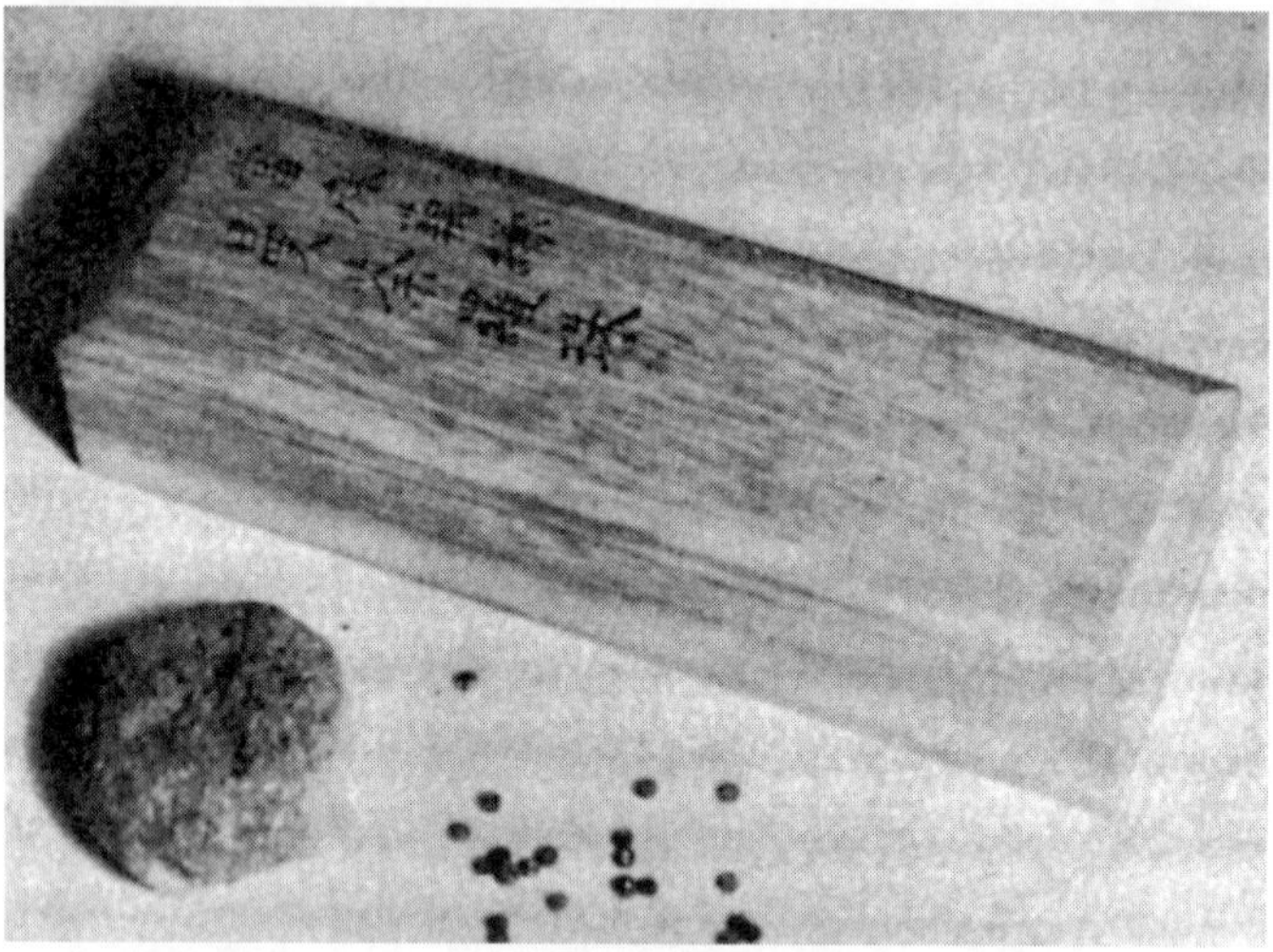

【写真41】曼荼羅種

枠を設けて描かれており注目できます。ただ、空念の曼荼羅をめぐる活動は、民衆自らが毛髪を喜捨するという点で、これらの事例よりもはるかに簡便で身近な、民衆参加型の活動として位置づけることができるでしょう。地方の民衆が結縁する方法として、経済的な負担も少ないものであったと推察されます。また、身体の一部を喜捨する行為そのものに、極楽往生と現世利益、両方への強い願いと祈りがこめられていたと考えられるのです。

人々が喜捨した毛髪を用いて仏画を縫いあげる所作と類似した意味を持つ作法として、『新著聞集』雑事篇第十八「曼荼羅丸」（『新撰往生伝』巻三・『現証往生伝』巻下「浄甫信士」・『新聞顕験往生伝』巻中「浄智信士」）などに見られるような、「曼荼羅種」を服用するという作法も注目できます。曼荼羅から出た糸屑を（特に臨終時に）服用することは霊験と繋がりを持って理解されていました。「曼荼羅種」を服用することによって往生するという考え方は、空念が各地で活躍する時代に、実際に存在し実践されていたようです。京都市の寺町通にある天性寺にも宝物の一つとして「一、当麻曼陀羅珠、大丸三顆、小丸三十七顆」と記されており、「曼荼羅種」が所蔵されていたことが確認できます（天性寺蔵「曼陀羅山天性寺縁起並宝物来由」『中将姫説話の調査研究報告書』所収）。身体の一部を喜捨し、曼荼羅を縫いあげるという行為、体内に曼荼羅の一部を取り込むという作法には、人と曼荼羅とを強く結びつける祈りがこめられていたと考えてよいでしょう。類似した作法は、川越蓮磐寺の住職であった智鑑上人の話としても伝えられており（『新著聞集』第十八「仏種円を製す」）、恵心作の阿弥陀像を乞い受けて、修復した際に出た削り屑を丸めて仏種円と名づけ、狐つき、瘧病の人に施与したところ、忽ち効果が表れたと伝えられています。このような感染呪術的な方法は、数多の人々に結縁の契機を与えるものでした。

空念の旅

本書では、江戸時代前期に全国を行脚し、穀断を行い、在地の人々の毛髪を乞い、当麻曼荼羅を縫いあげた空念という一僧侶の活動に注目してきました。中央から地方へと活動を展開し、浄土信仰の布教に努めた僧侶は数多くいたと思われますが、その具体的な実態については、資料も乏しく、拡散していて、詳細が摑みにくいものです。空念の活動は、木食弾誓（一五五二～一六一三）や円空（一六三二～九五）といった木食聖らと軌を一にする活動と捉えられ、江戸時代前期における地方への浄土宗の布教の実態を把握するうえでも欠くことのできない存在として浮かび上がってきます。

調べをすすめるなかで、空念の足跡が少しずつ明らかになってきました。現在の京都市伏見区にあったとされる大樹院の僧侶だった空念は、諸国を行脚し、在地の人々の毛髪を乞い、その毛髪を用いて、当麻曼荼羅のみならず、涅槃図や来迎図なども縫いあげていました。その活動範囲は東北から北九州に至るまで点在し、現存しないものを含め、少なくとも六十九点は存在したと考えられます。また、この空念の活動は、明治時代に髪繍を手掛けた僧侶海浦義観らにも少なからず影響を与えていたと考えられます。このことは、空念の活動が、もはや時代も宗派も超えて、人々のこころに深く届くものであったことを物語っているのではないでしょうか。

空念の旅は、自らの修業の旅であると同時に、極楽往生と現世利益を願う人々を導く、救済の旅でもありました。空念の曼荼羅は、髪を喜捨した人々と曼荼羅（浄土）を結びつける民衆の信心の集積によって完成したものなのであり、その信心の喚起に、空念が果たした役割は極めて大きなものであったと考えられます。また、空念が浄土宗鎮西派を主とした各地の寺院再興に果たした役割も、空念の活動の意義を考えるうえで注目すべき点です。

中将姫伝承と繍仏

こうした空念の活動は、連綿と続いてきた当麻曼荼羅草創縁起とも言うべき中将姫の物語、

【写真42】多久市郷土資料館蔵「中将姫」

およびその伝承のなかにおいても位置づけられます。中将姫の物語（伝承）は、特に室町時代以降、民衆の生活レベルで様々に変容し、広がっていったことが知られています。

　繡仏との繫がりで一例を挙げるならば、成立期が室町時代以降（特に江戸時代）とされる寺宝（一部に髪繡を用いた阿弥陀三尊来迎図や六字名号など）の裏書や付属文書に、しばしば中将姫の毛髪で縫いあげられた繡仏であることが記されるなど、中将姫の剃髪・繡仏の伝承の影響がうかがえる点も、中将姫の物語（伝承）が人口に膾炙していく様相の一端を示すものとして興味深いものです。

　年代が明らかな古い例としては、釈迦の螺髪と着衣の条葉部に毛髪を用いた、鎌倉期の作とされる京都市左京区の真正極楽寺（真如堂）蔵「釈迦三尊来迎図」（奈良国立博物館寄託、一〇八・七×三八・二糎）があります。付属する永禄三年（一五六〇）の文書（一軸）には、弘治二年（一五五六）に感得したのち、表装を整え、二十二世住職であった長助が真正極楽寺に寄進したものであることが記されています。

　此三尊者中将姫造容也。弘治二為秋時正日天然而感得矣。視無現證世以知之。即加表織、寄附出真正極楽寺之伽藍。以伝来際云。／永禄第三庚申暦端午廿八日／二十二世住持比丘長

助（花押）

興味深いのは、その三尊が「中将姫造容」と記されている点です。この来迎図を収める木箱の上蓋の表には「中将姫縫之阿弥陀／法印長助裏書／真正極楽寺」と墨書されています。近年の研究（『女性と仏教　いのりとほほえみ』奈良国立博物館、二五三頁）によって、当繍仏は「阿弥陀」ではなく「釈迦」であることが指摘されていますが、おそらく、この繍仏は、長らく「阿弥陀」として理解されてきたと考えられ、永禄三年（一五六〇）の文書に「中将姫造容」とあるのも、この繍仏が、阿弥陀三尊来迎図であるという認識が前提としてあったと考えられます。江戸時代以降の阿弥陀三尊来迎図のなかには、中将姫によって縫いあげられたとされる繍仏が数多く現存しており、そうした意識に連なる早期の例として、真正極楽寺蔵「釈迦三尊来迎図」は注目すべきものです。

文書を記した二十二世住持比丘長助（?—一五七五）は、『真如堂縁起絵巻』の制作を命じた二十一世昭淳の弟子で、絵巻制作にも関与したと考えられる高僧の一人です。応仁の乱後、真如堂は浄土宗門の念仏者や時宗の僧徒らの勧進によって堂塔伽藍の建立が推進され、一時期、天台宗から浄土宗へと改宗していたと伝えられています。「釈迦三尊来迎図」の付属文書によ

【写真43】真正極楽寺蔵「釈迦三尊来迎図」

〔参考〕釈迦の螺髪の一部

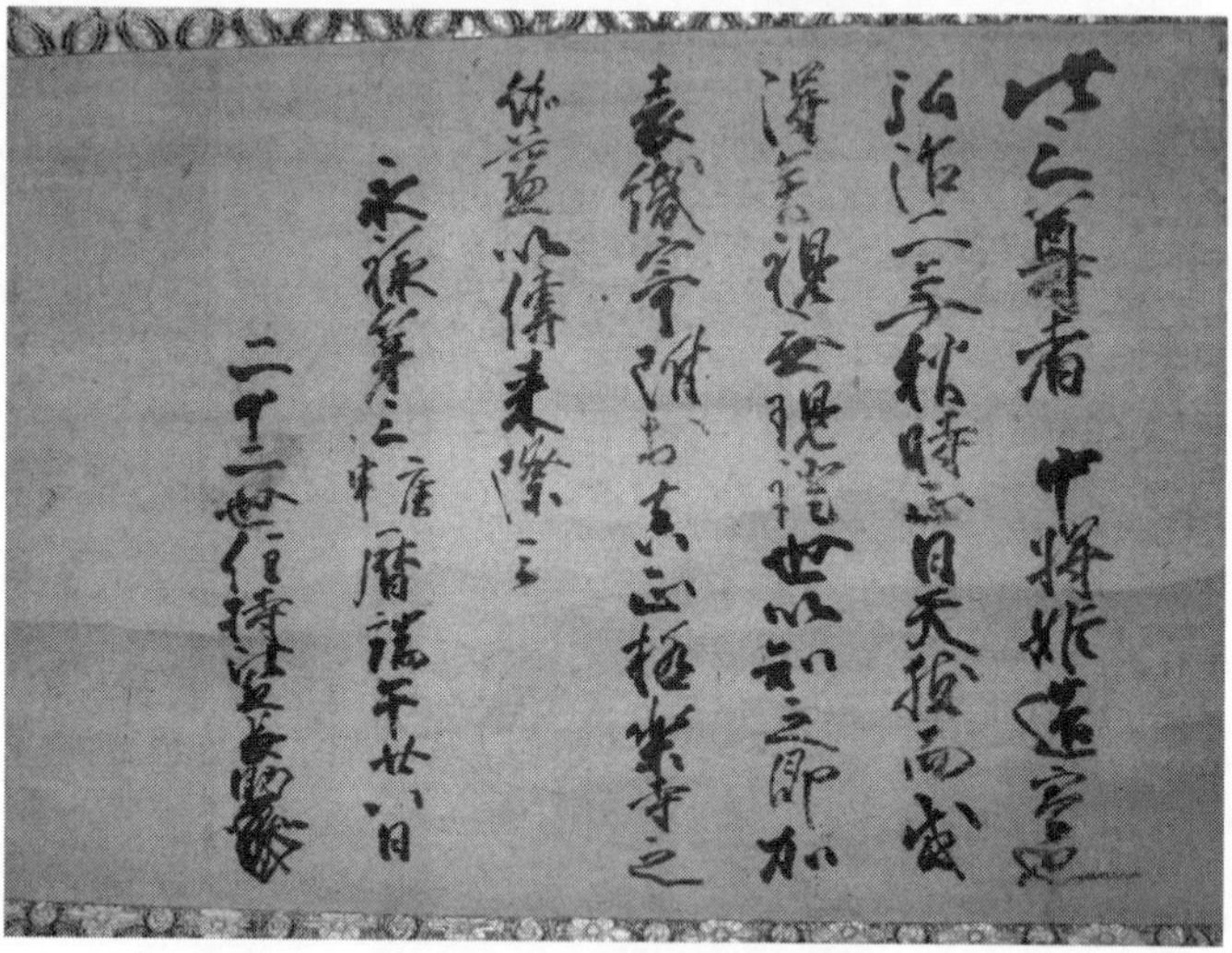

【写真44】付属文書

るならば、真如堂（浄土宗）が応仁の乱を避けるように移転を繰り返し、寺史や宝物の散失を懼れ『真如堂縁起絵巻』を制作した後に、来迎図は寄進されたことになります。天文十七年（一五四八）には、二十一世昭淳が没しており、その跡を継いだ長助が、来迎図の由緒として、当時巷間で知られていた、中将姫の繍仏制作譚を取り込み、文書を記した可能性も考えられるでしょう。

勿論、このような伝承そのものは、中将姫に限ったものではありません。例えば、寂光院に所蔵される髪繍の六字名号も、建礼門院落飾の名号と伝えられるものですし、岐阜県関市の新長谷寺が所蔵する「刺繍釈迦阿弥陀二尊像」（鎌倉時代）の裏書には、常盤御前が前髪で縫ったものとする旨が墨書されています。また、奈良県正定寺には、親鸞の母と伝承される吉光女が往生の際に従女に与えたという「毛の名号（六字名号）」が所蔵されています（展示図録『時を超える親鸞聖人像』龍谷大学大宮図書館）。しかし、中将姫伝承と絡められて、髪繍の由来が説かれている例は極めて多く、中将姫伝承の一つのかたちとして看過できません。

また、このような繍仏に添えられた由来書の動きと連動するように、寺院が所蔵する髪繍の宝物の由来を語る際の一つの方便として、中将姫伝承を結びつけて語ることが室町時代後期以降、特に近世期に活発になされていました。一例として、江戸時代の勧化本である『弥陀次郎発心伝』（明和二年（一七六五）刊）巻四「化比丘尼写二ス曼陀羅一ヲ並一宿上人詣二ス当麻寺一ニ」（叢書江戸文庫16『仏教説話集成（二）』があります。

この話は、禅林寺所蔵当麻曼荼羅（正安本、現在京都国立博物館寄託）の伝来経緯を説く霊験譚です。善恵坊証空が当麻寺の僧顕阿（見阿）の求めに応じて、弟子二十五人を連れて当麻寺に訪れた折のことを記した場面では、顕阿が証空に中将姫が所持した称讃浄土経と剃髪した際に縫いあげられた梵字を贈り、それが禅林寺の宝物になったと記されています。

中将法如所持ノ称讃浄土経、並ニ剃髪ノ梵字ヲ上人ニ贈進シケル。

証空が当麻寺を訪れた話はよく知られており、『当麻曼陀羅注』巻一にもみえますが、『弥陀次郎発心伝』にあるような宝物の授受に関する内容は記されていません。『弥陀次郎発心伝』の文末には「洛東禅林寺大曼陀羅縁記」とあり、内容が、大阪府立中之島図書館朝日新聞文庫蔵「洛東禅林寺大曼陀羅略縁起」とほぼ一致することから、同縁起、又は類型の縁起が典拠であると考えてよいでしょう。この略縁起には「剃髪ノ種字」についても記されています。かつて、この略縁起については検討したことがありますが（『寺院史研究』十号、二〇〇六）、正安本の裏書をもとに、潤色を加え作文された縁起であると考えられます。正安本の裏書の成立は、延宝六年（一六七八）と考えられることから、『弥陀次郎発心伝』の「剃髪ノ梵字」に関する伝承は、禅林寺の意に沿う形で近世前期頃に付与された可能性が高いと思われます。なお、『弥陀次郎発心伝』が記す「剃髪ノ梵字」は、鎌倉時代の成立とされる禅林寺蔵「種字阿弥陀三尊図」（奈良国立博物館寄託）を指すと推定されますが、「種字阿弥陀三尊図」の表装部などに中将姫伝承を伝える墨書などは確認できません。また、「称讃浄土経」については、昭和三十年代以降の禅林寺の所蔵品目録を確認する限り、所蔵は確認できませんでした。

しかし、先に挙げた近世期の略縁起の記述などから、十八世紀には宝物として禅林寺に所蔵されていたと推察されます。寺院の宝物である髪繡の由来を、中将姫に仮託した伝承は「徳融寺縁起」（奈良市、年未詳）にも「亦阿弥陀ノ三尊仏、螺髪飛行ヲ中将法如御髪ニテ縫ハせ給フ在焉也」とあり、当時、徳融寺が所蔵していた「阿弥陀三尊来迎図」（現存せず）が中将姫の毛髪で縫いあげられたものであると伝えています。また、当麻寺奥院が所蔵する版木（江戸時代・年未詳）「縁起断簡」にも「縁の梵字と光明遍照の文ハ頭のそり髪にてぬいたまふ」とあります（『当麻寺の版木―護念院・中之坊・奥院―』元興寺文化財研究所、二七頁）。中将姫の毛髪による種字の制作譚は、中将姫伝承との交差が認められる繡仏の付属文書などと併せて推察するに、室町後期から近世前中期にかけて、特に隆盛したと考えてよいでしょう。

仮託される中将姫

このように寺宝の制作者または持ち主を中将姫に仮託する例は、繍仏に限らず、様々見られます。例えば、各寺院が所蔵する称讃浄土経を「中将姫御筆」と伝える例は、『弥陀次郎発心伝』の禅林寺の例に限らず、誕生寺（奈良市）をはじめ数多くの諸寺院に確認できます。田中美絵氏（『伝承文学研究』五三号、二〇〇四）が指摘される「説教・唱導の内容を連係させるための設定」として捉えられるでしょう。近世期の中将姫伝承の広がりと浸透を示す例として興味深い点です。

中将姫により書写されたという称讃浄土経については、『御湯殿上日記』明応元年（一四九二）三月八日条に「南との一せう院とのへおほせられて、たいま《当麻》の中将ひめ《姫》か〻れたるせうさんしやうと《称讃浄土》きよう《経》御しよまう《所望》ありて、めしよせらる〻、まいりてめてたし」と見え、室町期の宮中でも話題の什宝でした。早くは『一遍聖絵』に、一遍が当麻寺曼荼羅堂に参籠し「本願中将の妃」筆の称讃浄土経一巻を受けた話があります。また、「当麻寺文書」に見える、享禄三年（一五三〇）九月六日に三条西実隆が被見したという霊宝リストのなかにも「中将姫筆跡」とされる「称讃浄土経一巻」のほか「中将姫七條袈裟以曼陀羅餘分之藕糸織之」などが挙げられています（『大和古寺大観』二、一一七頁）。

当麻寺では、奥院と中之坊に称讃浄土経が伝来していますが、中之坊所蔵の巻子の末尾に後補筆で「一千巻内　法如」（室町後期の加筆と推定されている）とあるのは興味深い点です。また、滋賀県内の寺院に所蔵される称讃浄土経（蓮生寺本、大通寺本、浄厳院本）には、いずれも中将姫との関係が明記（加筆）されています（『女性の祈り―信仰のすがた―』滋賀県立琵琶湖文化館）。中将姫によって称讃浄土経が書写されたという説が全国的に流布していく過程で、このような加筆もなされていったのでしょう。各寺院がそれぞれ所蔵する霊宝を中将姫伝承と結びつけて語っていく様相がうかがえます。

信仰の現代

寺宝や縁起にみられる中将姫の剃髪・繍仏の伝承も、空念の活動も、民衆の信心なくしては成り立たないものでした。両者は、江戸時代における、民衆の、中将姫の物語と当麻曼荼羅の享受の在り方を考えるうえで注目できます。そして、このような中将姫の剃髪・繍仏の伝承に連なる信仰のかたちは、現代にも受け継がれています。

当麻寺中之坊では、毎年六月十六日に髪供養会式が催されています。中之坊では、天平宝字七年六月十五日に中将姫が剃髪堂で剃髪したと伝えており、翌十六日には、その髪で阿弥陀三

【写真45】髪供養会式

尊の梵字（当麻寺中之坊蔵「中将法如毛髪種字三尊」、室町末期成立カ）を刺繍し、中之坊の御本尊である導きの観音（十一面観音像）と阿弥陀如来に感謝の意を示したとされています。そのため、今日でも心身の健康を祈願して、同日に供養がなされているのです。この供養の次第は大変興味深いものです。正面客殿の広間には、中将姫が剃髪した後に縫いあげたという「中将法如毛髪種字三尊」が懸けられ、参拝者はその前で合掌し、僧侶に頭髪を数本切除してもらいます。切除された髪は、小さな白紙に包まれ、供養の最後に各自の手によって、髪塚のもとに納められます。髪塚は十年ほど前に美容関連の企業によって建立されたもので、それ以前は剃髪堂で供養がなされていました。『平山日記』などに書き残された、空念と民衆の関わりによく似た営みを、私たちは今日も続く髪供養会式に認めることができるのです。

旅のおわりに

古本市で見つけた一枚の葉書との出会いから、この旅ははじまりました。三百数十年以上も先の未来に、突如、私のような〝追っかけ〟が出現するとは、空念さんもきっと思っていなかったに違いありません。

右も左もわからない旅人の私をいつも支えてくれるのは、初めて出会う現地の方々でした。極楽寺（大分県宇佐市）住職国東利行師とお電話で何度もお話させていただいたことも大変勉強になりました。また、お忙しいお彼岸の時期であったにもかかわらず、昌繁寺（宮城県仙台市）住職佐藤光純師の御高配で念願の髪繡当麻曼荼羅を見せていただいたことも忘れられません。また、金光上人所縁の地を、車で一緒に訪ねて下さった摂取院（青森県南津軽郡）住職平野誠観師、御家族の皆様のお心遣いや、「きっとあるはず」という私の拙い話を信じて何度も探して下さった成願寺（京都市上京区）の住職藤井幹也師のお気持ちも本当に嬉しいことでした。荘厳寺（京都市下京区）住職河野覚雄師にも、髪繡のみならず、寺史に関する諸資料を一緒に確認していただくなど大変お世話になりました。また、最終の久大線で久留米に移動するという私を心配して泊めて下さった大超寺（大分県日田市）住職首藤泰爾師、御家族の皆様、講演の前日であったにもかかわらず、本間美術館寄託の当麻曼荼羅の閲覧に一緒にお立会い下さった浄徳寺（山形県酒田市）住職長澤俊樹師、本間美術館館長田中章夫氏、文書の断片にはじまり一点一点の資料を一緒に御確認下さった阿弥陀寺（神奈川県足柄下郡）住職水野賢世師、また、円覚寺（青森県西津軽郡）でも、御住職と海浦由羽子氏が、私のためにあらゆる資料を引き出し一緒に確認して下さいました。海浦由羽子氏の心のこもったお手紙がなかったら、私の調べは同じようには進まなかったと思います。学生時代を思い出すよと急いで過去帳を確認して下さった光明寺（秋田県秋田市）住職稲岡敬弘師、今はなき大樹院の手がかりを一緒になって考えて下さった悟真寺（京都市伏見区）住職花園善信師のお気持ちも本当にありがたいことでした。このほかにも、空念さん探しの過程で訪ねた場所、出会った方々は数知れません。全ての方のお名前をあげることはとてもできそうにありませんが、調査の過程において、徳融寺（奈良県奈良市）住職阿波谷俊宏師、檀王法林寺（京都市左京区）住職信ケ原雅文師、真如堂法輪院（京都市左京区）住職本郷泉観師、奈良国立博物館内藤栄氏にも大変お世話になりました。

私が各地の目的地に行きつくのは、いつも出会った方々の導きによるものです。偶然出逢えた方たちが私の大切な方位磁針です。思いがけない出会いが、本来の計画を変え、当初の計画

【写真46】愛知県愛西市立田町　蓮の花

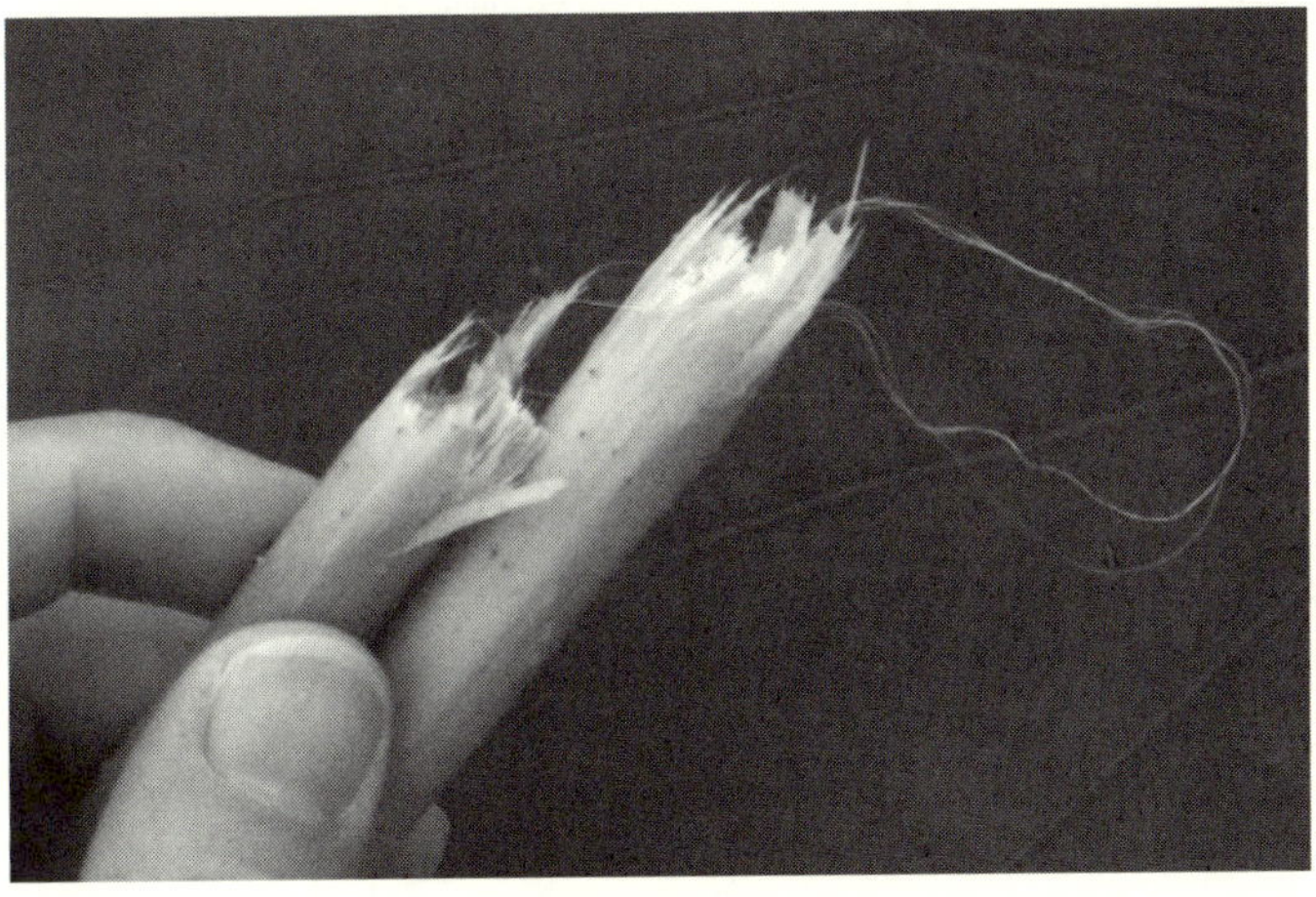

【写真47】同　蓮糸

どおりに進まないのが常であり、そのハプニング続きが歩きの醍醐味でもあります。訪ねた先で「専門的な話は難しくてよくわからない」という言葉をたびたび聞くことがありました。しかし、必ずと言ってよいほど、「何かわかったら連絡してください」とお声掛け下さるのです。ハプニング続きの旅の途中で、新典社選書のお話をいただきました。私と一緒に考え、時に歩いて下さった現地の方々への感謝の気持ちと、謎に包まれたままの空念の足跡が少しでも明らかになってほしいという願いから、本書は生まれました。

空念によって制作された毛髪による繡仏は、まだ全国各地に眠っているように思えてなりません。中央から地方へ活動を展開した僧侶の足跡の詳細は資料も少なく、地方資料を繋ぎ合せていくことが難しいものです。だからこそ今、解りかけた空念の活動を紐解いていくことが求められます。

毛髪を喜捨し、極楽往生と現世利益を求めた数多くの人々の祈りや願いは、曼荼羅を通して現代に生きる私たちをも感動させます。曼荼羅を見て感動するのは、今を生きる私たちだけではありません。義観もまた、空念の活動と人々の信仰心に感銘を受けたのでしょう。だからこそ、先人の偉業を称え、自らも民衆の毛髪を集め、髪繡で仏画を縫いあげたのではないでしょうか。勧進する僧侶、喜捨する人々、後世に〈歴史〉の一端にふれて感動する人々、全ての人の心の発露が、新たな〈信仰のかたち〉を生み出す力を秘めています。その〈信仰のかたち〉は、寺院側の意図と必ずしも合致するものばかりではなく、むしろ、寺院側には想定し得なかったであろう、民衆一人ひとりの〈信心のかたち〉です。そのようなことを考えながら、髪繡当麻曼荼羅を見るとき、やはり、信仰の契機を与えた、中将姫伝承が持つ奥深さと広がりに、深い感動を覚えずにはいられません。

三脚とライトを背に、片手に赤いキャリーケース、片手に地図を握りしめ、首からカメラをぶら下げて、きょろきょろしている風変りな旅人が、今日もどこかの町にいるかもしれません。そんな不思議な旅人を見かけたら、是非いろいろな話を聞かせてほしいのです。まだまだ空念さんの〝追っかけ〟は始まったばかり。三百六十五日二十四時間、その旅人はいつでも楽しい話を待っています。

未熟な旅人を支え、喜楽を共にして下さった全ての方々へ、心からの感謝をこめて。

二〇〇九年七月三〇日

日沖　敦子

付記

本書をまとめるにあたり、貴重な資料の閲覧・掲載の御許可を賜りました所蔵者の皆様、諸機関に心より御礼申し上げます。本書は、拙稿「髪繍当麻曼荼羅と空念―近世前期の一僧侶の活動とその意義―」（『MUSEUM（東京国立博物館研究誌）』六一八号、二〇〇九）、および「髪繍に込めた祈り―漂泊僧空念の歩み―」（『仏教史学研究』五二―一号、二〇〇九）を基に書き下ろしたものです。できる限り原文引用に努めましたが、一般書の性格上、意訳となっている箇所があります。このたび貴重な機会を御恵与下さいました、新典社会長松本輝茂氏、煩瑣な編集作業に御尽力下さった岡元学実氏をはじめ編集部の皆様、そして、お忙しいところ英文要約をお引き受け下さった渡辺健氏に心より感謝申し上げます。本書は、平成一九・二〇年度科学研究費補助金（特別研究員奨励費）による研究成果の一部です。

【主な参考文献】

○当麻曼荼羅に関する総合的な研究（年代順）
関山和夫氏『説教の歴史的研究』法蔵館、一九七三

『大和古寺大観　第二巻　当麻寺』岩波書店、一九七八
『中将姫説話の調査研究報告書』元興寺文化財研究所、一九八三
元興寺文化財研究所編『日本浄土曼荼羅の研究』中央公論美術出版、一九八七
塩竈義弘氏『曼陀羅を説く』山喜房仏書林、二〇〇三

○空念に関する先行する研究（年代順）

西村兵部氏「図版解説」奈良国立博物館編『繍仏』角川書店、一九六四
伊藤信二氏「付論　髪繍について」『日本の美術　繍仏』四七〇号、至文堂、二〇〇七

○その他・論文など（五十音順）

青木淳氏「繍仏小考―編み込まれた庶民の信仰―」『繊維製品消費科学』一九九二、二・三月号
赤井達郎氏『絵解きの系譜』教育社、一九八九
阿川文正氏監修『金光上人関係伝承資料集』浄土宗宗務庁内教学局、一九九九
阿部泰郎氏『湯屋の皇后　中世の性と聖なるもの』名古屋大学出版会、一九九八

阿部泰郎氏「仁和寺蔵『釋門秘鑰』翻刻と解題」『調査研究報告』一七号、国文学研究資料館、一九九六
井川定慶氏「刺繍の法然上人伝」『恵谷先生古稀記念　浄土教の思想と文化』仏教大学、一九七二
伊藤信二氏「繍仏における画風の研究」『鹿島美術財団年報』通号十五号、一九九七
伊藤唯真氏『聖仏教史の研究』上・下　法蔵館、一九九五
海浦由羽子氏『験乗末資海浦義観』深浦町教育委員会、二〇〇三
大賀一郎氏「当麻曼荼羅について」田中一松・龍村平蔵氏監修『国宝綴織当麻曼荼羅』佼成出版社、一九七八
櫛田良洪氏「唱導と釋門秘鑰」『印度学仏教学研究』第一巻一号、一九五二
河野正雄氏『増補第二版　時宗荘厳寺』荘厳寺、一九六九
小林めぐみ氏「妙国寺所蔵涅槃図繍仏について」『福島県立博物館紀要』二二号、二〇〇八
五来重氏『寺社縁起からお伽話へ（宗教民俗集成6）』角川書店、一九九五
佐藤弘夫氏『死者のゆくえ』岩田書院、二〇〇八

塩竈義弘氏「当麻曼陀羅の織付縁起について」『仏教論叢』三一号、一九八七
関山和夫氏『庶民文化と仏教』大蔵出版、一九八八
千田孝明氏「日光市観音寺蔵（大平町久遠院旧蔵）刺繡涅槃図についての考察―近世における刺繡涅槃図の諸本を参考に」『栃木県立博物館研究紀要（人文）』二十号、二〇〇三
田中貴子氏『聖なる女　斎宮・女神・中将姫』人文書院、一九九六
田中美絵氏「中将姫説話の近世―勧化本『中将姫行状記』を軸に―」『伝承文学研究』五三号、二〇〇四
圭室文雄氏「『東域念仏利益伝』について」笠原一男氏編『近世往生伝集成三』山川出版社、一九八〇
堤邦彦氏『江戸の高僧伝説』三弥井書店、二〇〇八
藤堂恭俊氏「池宝山浄徳寺蔵刺繡当麻曼荼羅」浄土宗宗宝指定審査報告書、一九九一
徳田和夫氏「享禄本「当麻寺縁起」絵巻と「中将姫の本地」」『お伽草子研究』三弥井書店、一九八八
永井義憲氏「長谷寺と十穀聖―十穀の系譜―」『豊山教学大会紀要』一四、一九八六
中野玄三氏『日本の美術　涅槃図』二六八号、至文堂、一九八八

西海賢二氏『江戸の漂泊聖たち』吉川弘文館、二〇〇七
西村兵部氏「刺繍仏」『日本美術工芸』三四八号、一九六七
長谷川匡俊氏「近世仏教と末期の看取り―浄土宗の場合」圭室文雄氏編『民衆宗教の構造と系譜』雄山閣、一九九五
長谷川匡俊氏『近世の念仏聖無能と民衆』吉川弘文館、二〇〇三
林雅彦氏編『絵解き（一冊の講座　日本の古典文学3）』有精堂出版、一九八五
日沖敦子「禅林寺所蔵当麻曼荼羅由来譚とその周辺―『月庵酔醒記』所収説話における「肥後」の地をめぐって―」『寺院史研究』十号、二〇〇六
藤田定興氏「寺院の庶民定着と伝法―浄土宗寺院を中心として―」圭室文雄氏編『論集日本仏教史7　江戸時代』雄山閣、一九八六
細井起能氏「刺繍の技法的研究（一）―（四）」『実践女子大学紀要　自然科学・家政学』通号二・三・五号、一九五四・一九五五・一九五八
堀一郎氏『我が国民間信仰史の研究』第二巻・宗教史編、創元社、一九五三
蓑輪顕量氏『安居院唱導資料における注釈学的研究』科学研究費研究成果報告書、課題番号一一六一〇〇二三、二〇〇〇

宮崎円遵氏「中将姫説話の成立」日野昭氏編『仏教文化史研究（宮崎円遵著作集7）』思文閣出版、一九九〇

柳沢孝氏「織成当麻曼陀羅について」柳沢孝氏ほか『当麻寺（大和の古寺二）』岩波書店、一九八二

山本泰一氏「来迎図繍仏の一遺例」『金鯱叢書（史学美術史論文集第四輯）』徳川黎明会、一九七七

Patricia Fister. "Creating Devotional Art with Body Fragments:TheBuddhist Nun Bunchi and Her Father,Emperor Gomizuno-o" Japanese Journal of Religious Studies 27:3-4 (2000)

Patricia Fister. "尼門跡と尼僧の美術 Art by Buddhist Nuns Treasures from the Imperial Conv-ents of Japan" Institute for Medieval Japanese Studies, NewYork (2003)

○その他・展示図録／パンフレット（年代順）

『袋中上人餘光』檀王法林寺、一九三八

『涅槃図の名作』京都国立博物館、一九七八

『大本山増上寺秘宝展』大本山増上寺、一九八八

『当麻寺の版木―護念院・中之坊・奥院―』元興寺文化財研究所、一九九六
『尼門跡と尼僧の美術』中世日本研究所、二〇〇三
『女性と仏教　いのりとほほえみ』奈良国立博物館、二〇〇三
『おはなしの絵　物語りと絵解き』大分県立歴史博物館、二〇〇五
『時を超える親鸞聖人像』龍谷大学大宮図書館、二〇〇七
『女性の祈り―信仰のすがた―』滋賀県立琵琶湖文化館、二〇〇七
『庶民の祈り　志水文庫　江戸時代の仏教・神道版画』奈良県立美術館、二〇〇八
『尼門跡寺院の世界―皇女たちの信仰と御所文化』産経新聞社、二〇〇九
『お釈迦さまのものがたり～涅槃図から読本・草双紙まで～』一宮市博物館、二〇〇九

掲載写真一覧

巻頭写真

①　大分県宇佐市極楽寺蔵「髪繍当麻曼荼羅」（撮影　藤田晴一氏）
②　宮城県仙台市昌繁寺蔵「髪繍当麻曼荼羅」
③　青森県南津軽郡摂取院蔵「髪繍当麻曼荼羅」
④　京都市上京区成願寺蔵「髪繍涅槃図」
⑤　京都市上京区成願寺蔵「髪繍涅槃図」沙羅双樹
⑥　京都市上京区成願寺蔵「髪繍涅槃図」下絵
⑦　京都市下京区荘厳寺蔵「髪繍阿弥陀三尊来迎図」

巻頭図版

大分県宇佐市極楽寺蔵「髪繍当麻曼荼羅」（撮影　藤田晴一氏）を一部改変

本文写真

【写真1】架蔵　大分県宇佐市極楽寺の絵葉書と略縁起
【写真2】大分県宇佐市　極楽寺
【写真3】大分県宇佐市極楽寺蔵「髪繍当麻曼荼羅」縁起文と制作銘
【写真4】大分県宇佐市極楽寺蔵「折本」
【写真5】宮城県仙台市　昌繁寺
【写真6】「河北新報」（平成十三年十一月五日付、夕刊）
【写真7】「読売新聞」（平成十三年九月二十二日、朝刊、宮城版）
【写真8】宮城県仙台市昌繁寺蔵「髪繍当麻曼荼羅」縁起文と制作銘
【写真9】青森県南津軽郡　摂取院
【写真10】青森県南津軽郡摂取院蔵「髪繍当麻曼荼羅」縁起文
【写真11】弘前市立弘前図書館蔵「天和四年（一六八四）藤崎村絵図」
【写真12】大分県宇佐市極楽寺蔵「髪繍当麻曼荼羅」上品上生
【写真13】架蔵『当麻曼荼羅捜玄疏図本』上品上生（古図）
【写真14】架蔵『当麻曼荼羅捜玄疏図本』上品上生（新図）

【写真15】大分県日田市大超寺蔵「当麻曼荼羅図」（『おはなしの絵　物語りと絵解き』大分県立歴史博物館、二〇〇五より転載）
【写真16】山形県酒田市浄徳寺蔵「当麻曼荼羅図」（『日本の美術　繍仏』四七〇号、至文堂、二〇〇七より転載）
【写真17】京都市檀王法林寺蔵「当麻曼荼羅図」
【写真18】京都市檀王法林寺蔵「当麻曼荼羅図」縁起文
【写真19】京都市檀王法林寺蔵「当麻曼荼羅図」上品上生
【写真20】京都大学附属図書館蔵「山城国伏見街衢近郊図」
【写真21】京都大学附属図書館蔵「伏見図」
【写真22】京都市伏見区　榎橋
【写真23】京都市上京区　成願寺
【写真24】京都市上京区成願寺蔵「髪繍涅槃図」制作銘（部分）
【写真25】奈良県奈良市円照寺門跡蔵「爪名号」（『尼門跡寺院の世界―皇女たちの信仰と御所文化』産経新聞社、二〇〇九より転載）
【写真26】京都市上京区成願寺蔵「髪繍涅槃図」釈迦の螺髪の一部

【写真27】京都市上京区成願寺蔵「髪繍涅槃図」先導する阿那律尊者
【写真28】京都市上京区成願寺蔵「髪繍涅槃図」釈迦の足元にふれる毘舎離城の老女
【写真29】京都市下京区　荘厳寺
【写真30】青森県西津軽郡　円覚寺
【写真31】青森県西津軽郡円覚寺蔵「髪繍三十三観音」三幅
【写真32】青森県西津軽郡円覚寺蔵「髪繍釈尊涅槃図」
【写真33】青森県西津軽郡円覚寺蔵「髪繍観音像施供頭髪入袋」
【写真34】神奈川県足柄下郡　阿弥陀寺
【写真35】東京都港区増上寺蔵「髪繍当麻曼荼羅」（『大本山増上寺秘宝展』大本山増上寺、一九八八より転載）
【写真36】東京都港区増上寺蔵『髪繍曼陀羅蓮名録』十冊
【写真37】奈良県五条市金剛寺蔵「髪繍聖衆来迎図」
【写真38】大分県宇佐市極楽寺蔵「髪繍当麻曼荼羅」部分
【写真39】山形県酒田市浄徳寺蔵「当麻曼荼羅図」表装部
【写真40ａ～ｂ】奈良県奈良市徳融寺蔵「当麻曼荼羅図」全体図と部分図

【写真41】曼荼羅種（田中一松・龍村平蔵氏監修『国宝綴織当麻曼荼羅』佼成出版社、一九七八より転載）
【写真42】多久市郷土資料館蔵「中将姫」（阿弥陀聖衆来迎の場面）
【写真43】京都市左京区真正極楽寺蔵「釈迦三尊来迎図」
【参考】京都市左京区真正極楽寺蔵　釈迦の螺髪の一部（撮影　内藤栄氏）
【写真44】京都市左京区真正極楽寺蔵　付属文書
【写真45】奈良県葛城郡当麻寺中之坊　髪供養会式
【写真46】愛知県愛西市立田町　蓮の花
【写真47】愛知県愛西市立田町　蓮糸

＊撮影者および転載の明記がないものは筆者による撮影である

travels as I began to trace his footsteps.

Contents

Introduction of thesis

Hioki Atsuko, "Kūnen and the Taima Mandala Embroidered from Human Hair: the activities of a priest from the early pre-modern period and their significance", MUSEUM (The Bimonthly Magazine of the Tokyo National Museum), No. 618 (2009).

Hioki Atsuko, "The Embroidered from Human Hair and the Prayer: the activities of a priest named Kū nen (Prayers Embroidered from Human Hair: the activities of a priest named Kū nen)" *Bukkyō Shigaku Kenkyū* (The Journal of the History of Buddhism), No. 52-1 (2009).

(Translation by Takeshi Watanabe)

Tsugaru County, Aomori prefecture), was one of those inspired by Kūnen. Like his predecessor, Gikan collected human hair from devout parishioners and used it to embroider works depicting the Nirvana Scene and the Thirty-Three Avalokiteshvara. Kūnen clearly affected people deeply, and his work transcended time and sectarian affiliations.

Kūnen's travels around Japan partly served himself as his own ascetic training, but it also served others as providing relief to those who sought salvation through Buddhist teachings. The Buddhist art he produced symbolized the accumulated devotion of those who had donated their hair. These works thus reveal Kūnen's major role in rousing the belief of the people, and consequently in reviving Jōdo-shū (Chinzei branch) Buddhism.

Is it not possible, I cannot help thinking, that other works by Kūnen are still asleep in various regions across Japan? The activity and real effects of such figures, who moved from the center to the periphery, is difficult to discern today. But by piecing together surviving documents and artworks in various places, we have come to some understanding. It is my hope that my research will spur new attention to Kūnen and uncover sleeping clues that will lead to further clarification. This book is thus a record of not only Kūnen's wanderings around Japan, but my

To the present day, the legend of Princess Chūjōhime has inspired the faithful, telling of how she wove the original Taima Mandala from threads taken from lotus plants. Yet Kūnen's early Edo-period series of the Taima Mandala, embroidered with donations of human hair, are hardly known.

Fortunately at Sesshuin, records remain that offer clues for retracing Kūnen's footsteps. This document made clear that Kūnen's artistic production, using human hair for embroidery, was not just limited to the mandala. A *Nehan-zu* (Death of the Shakyamuni) made by Kūnen is in the collection of the Jōganji temple in Kyoto, and Shōgonji temple (also in Kyoto) owns a *Raigō-zu* (Amida's Welcoming Descent). Besides these works, records concerning Kūnen survive at Kōmyōji temple in Akita.

Kūnen was affiliated with the Daijūin temple in Kyoto. This temple ran into hardship during the early Meiji period, hence it no longer stands. Yet Kūnen did not remain solely at Daijūin. From Aomori to Kumamoto, he visited temples, repeatedly leaving behind Buddhist artworks embroidered with human hair. According to my research, Kūnen can be attributed with at least sixty-nine surviving works of this type.

Kūnen's influence continued to affect later generations. Umiura Gikan (1885～1921), a monk from Enkakukuji temple (Nishi

(English summary)

The Mandala Embroidered from Human Hair:
The Story of a Monk named Kūnen
By Hioki Atsuko

The Taima Mandala illustrates the world of the *Kanmuryōjukyō* (Contemplation) Sutra, one of the fundamental texts of Jōdo-shū (Pure Land) Buddhism. The original woven work dates from the Nara period, and based on it, numerous copies of the Taima Mandala have been produced since then.

In the early Edo period (17th century), a monk named Kūnen donated a Taima Mandala to the Usa Hachiman Shrine. Startlingly, right down to the inscription detailing its origin, this work was embroidered entirely with human hair. During the anti-Buddhism movement in the early Meiji period (late 19th century) — a time when many Buddhist art works were destroyed — the work was transferred to Gokurakuji (in Usa, Ōita Prefecture) and is still preserved there to this day. Currently, two other similar works are known to exist, one owned by Shōhanji temple in Sendai, Miyagi Prefecture, and another by Sesshuin temple in Minami Tsugaru County, Aomori Prefecture.

日沖　敦子（ひおき　あつこ）
1978年9月　愛知県名古屋市生まれ
2006年3月　名古屋市立大学大学院人間文化研究科博士後期課程修了，
博士（人間文化）の学位取得
専攻　室町・江戸前期文芸
現職　日本学術振興会特別研究員（PD），愛知学院大学・愛知県立大学・
金城学院大学・名古屋市立大学非常勤講師
論著　「『総持寺縁起絵巻』の制作とその背景」（古代中世文学論考刊行会編『古代中世文学論考』第十九集，新典社，2007年）・「王朝憧憬―『鉢かづき』，他をめぐって」（徳田和夫編『お伽草子百花繚乱』笠間書院，2008年）・「当麻曼荼羅と中将姫物語―物語絵の享受―」（『日本文学』673号，2009年7月）など。

毛髪で縫った曼荼羅
―― 漂泊僧 空念の物語 ――
新典社選書 31

2010年3月16日　初刷発行

著　者　日 沖　敦 子
発行者　岡 元　学 実

発行所　株式会社　新 典 社

〒101－0051　東京都千代田区神田神保町1－44－11
営業部　03－3233－8051　編集部　03－3233－8052
ＦＡＸ　03－3233－8053　振　替　00170－0－26932

印刷所　恵友印刷㈱　製本所　㈲松村製本所

ISBN978-4-7879-6781-7 C1395
http://www.shintensha.co.jp/　E-Mail:info@shintensha.co.jp

新典社選書

①変容する物語　久下裕利　一八九〇円
④文学の回廊
　——旅・歌・物語——　島内景二　一八九〇円
⑤中山義秀の歴史小説　三瓶達司　一八九〇円
⑥新古今集詞書論　武井和人　二〇三九円
⑨源氏から平家へ　横井孝　一八九〇円
⑩源氏物語の受容　呉羽長　一八九〇円
⑪ことば遊びの文学史　小野恭靖　一八九〇円
⑫歌垣と神話をさかのぼる
　少数民族文化としての日本古代文学　工藤隆　一七八五円
⑬西脇順三郎の研究
　——『旅人かへらず』とその前後——　芋生裕信　一八九〇円
⑮ことば遊びの世界　小野恭靖　一六八〇円
⑯香椎からプロヴァンスへ
　——松本清張の文学——　加納重文　二四一五円
⑰陽成院——乱行の帝——　山下道代　一四七〇円
⑱近代高野山の学問
　——遍照尊院栄秀事績考　三輪正胤　一六八〇円
⑲国際学術シンポジウム　源氏物語と和歌世界
　青山学院大学文学部日本文学科　一五七五円

⑳蜻蛉日記の養女迎え　倉田実　一八九〇円
㉑国際学術シンポジウム　海を渡る文学
　日本と東アジアの物語・詩・絵画・芸能
　青山学院大学文学部日本文学科　一五七五円
㉒郷歌
　——注解と研究——　中西進・辰巳正明　一八九〇円
㉓晶子の美学
　——珠玉の百首鑑賞——　荻野恭茂　一三二三円
㉔万葉集宮廷歌人全注釈
　——虫麻呂・赤人・金村・千年——　濱口博章　二一〇〇円
㉕女流歌人　中務
　——歌で伝記を辿る——　稲賀敬二　二九四〇円
㉖苅萱道心と石童丸のゆくえ
　——古典世界から現代へ——　三野恵　一三二三円
㉗江戸の恋の万華鏡
　——『好色五人女』　竹野静雄　一七八五円
㉘王朝摂関期の「妻」たち
　——平安貴族の愛と結婚　園明美　一〇五〇円
㉙万葉　恋歌の装い　菊池威雄　一四七〇円
㉚文明批評の系譜
　——文学者が見た明治・大正・昭和の日本——　和田正美　一四七〇円
㉛毛髪で縫った曼荼羅
　——漂泊僧　空念の物語——　日沖敦子　一五七五円